売上・利益を増やすたった一つの方法

山田麻美税理士事務所　代表税理士
山田 麻美

ぱる出版

まえがき

本書を手にとっている方の多くは、中小企業を経営されている方だと思います。

そんな皆さんにうかがいたいのですが、税金や経費について、以下のように考えたことはないでしょうか？

「なるべく税金を払いたくない」

「可能な限り、何でも経費にしてしまいたい」

実は、そのような考えの中小企業経営者の方は、たくさんいらっしゃいます。

そして、そのような皆さんに近づいてくるのが、「節税コンサルタント」などの怪しげな肩書を名乗る人々です。

「いま、インドアゴルフシミュレーションに投資すれば、節税になるうえ、収益も期待できますよ」

「この物件を買っておけば、相当な節税になります。いかがですか？」

など と、言葉巧みに「節税」をキーワードにして、あの手この手で皆さんからお金を引き出そうとします。

はっきり申し上げますが、そのようなうまい話は「節税」に名を借りた単なる無駄遣いであり、90%、いえ、ほぼ100%の確率で会社に損害を与えます。

そんな「節税」をするくらいなら、真っ当に税金を払ったほうがまだ会社のためになるでしょう。

なぜそのようなことになるのか?

詳しいことは本文でお伝えしていきますが、もっとも大きな理由は、会社の安定経営や成長のために必要な「内部留保」を毀損するからです。

「内部留保」とは何か、念のためお伝えしておくと、貸借対照表(BS)の「純資産の部」に記載されている金額のことだと考えてください。

文字通り、借金ではない会社の「純」資産であり、基本的には経営者である社長の思うように使えます。そして、この内部留保の大きさと活用方法が、会社の成長を大きく左右するのです。

私は税理士として、企業や個人の方の税務処理やいろいろなご相談に乗ったりするほか、内部留保活用のコンサルティングも手がけています。

その数は、優に200社を超えています。

潤沢な内部留保があれば、経営上、大きな強みになります。

例えば、

●大手企業から信頼され、取引を始めることができる
●銀行からの融資を受けやすくなる
●資金繰りの不安がなくなる
●成長が期待できる新規事業に取り組める
●福利厚生を充実させ、従業員満足度を上げられる

など、枚挙にいとまがありません。

そこで本書では、私の税理士、そして内部留保活用の専門家としての経験をもとに、内部留保の増やし方と有効活用の方法、そしていかに内部留保を減らすことなく経営してい

くかについて、具体例を交えながら紹介していきます。

「税金なんて払いたくない」「内部留保を貯めるより、儲かったら使ったほうがいい」と言う経営者の方は、ぜひ本書を読んでください。

ちゃんと税金を払いながらも潤沢な内部留保のある会社で、思う存分に経営手腕を振るうことの楽しさに気づいていただけることと思います。

第1章 会社のお金を減らす「間違った節税」が9割

第2章
なぜ「負の節税」をやめると収益が10倍になるのか？

第3章 「エクストラ内部留保」がさらなるキャッシュを呼んでくる

第4章　「エクストラ内部留保」で経営改善した中小企業オーナーたち

第5章 節税にも利益率UPにもなる「内部留保」の使い方

第6章 会社を変える「社員と会社の活かし方」

第7章 「本当にやりたいことをやれる社長」を増やしたい

企画協力：潮凪洋介（HEARTLAND Inc.）
編集協力：滝口雅志

第１章

会社のお金を減らす「間違った節税」が９割

「節税」という言葉に踊らされていませんか？

蔓延する「税金を払いたくない」マインド

「中小企業経営者が知っておくべき節税マル秘テクニック！」

こんなインターネット広告のバナーをクリックしたことのある経営者の方は多いのではないでしょうか。

でも、節税乱用は「ダメ。ゼッタイ」です。

「税金なんて払わなくて済むなら払いたくない」

そんな方にとって、合法的に税金を減らすことができる「節税」という言葉はあまりにも魅力的です。

実際、経営者同士の懇親会が節税ノウハウの交換会になってしまうこともしばしばでしょう。

確かに日本の法人税の実行税率は約30％と、国際的にみても高い水準にあります。

ドイツはほぼ似たような水準ですが、イギリスは約20％。これがシンガポールでは17％になり、ＵＡＥにいたっては９％です。

そういう話を聞くと、ますます税金を払いたくなくなってしまうかもしれませんね。

会社の資金繰りが厳しく、支払うべき税金（キャッシュ）がないために否が応でも節税をしなくてはならない場合は別として、節税に血眼になる経営者の多くは、「税金を払いたくないマインド」に陥っています。

そのような皆さんには、「国にいくら税金を払っても生き金にならない。だったら、自分で使い道を決めたほうがよっぽどいい」という思いがあるのでしょう。

会社を破滅させる「節税」の罠

そんな方の前に現れるのが、自称・節税に詳しい経営者や、「節税アドバイザー」「節税コンサルタント」などの肩書を名乗る人々です。

彼らは「せっかく利益を出したんだから、欲しかったものを買って経費で落とせば節税になるよ」「いまなら、節税と投資を同時に実現する方法があります。お話だけでもいかがですか?」など、甘い言葉で「節税」をささやいてきます。

しかし、ここに大きな「節税の罠」があります。

そのような話の9割は「やってはいけない節税」なのです。

「やってはいけない」というのは、法に触れるという意味ではありません。

「会社の成長を止めてしまう節税」のことです。

詳細は次項以降でお伝えしていきますが、彼らの言う「節税」は、ほぼ必ずキャッシュアウト(資金流出)を伴う方法です。

キャッシュを使えば確かに利益は減るので、払うべき税金も少なくなります。

しかし、ここであらためて言うまでもなく、会社の成長の源泉となるのはキャッシュです。キャッシュがなければ、事業を拡大することも、有能な社員を雇用することも、可能性のある新規事業を始めることもできません。

「お金がなければ銀行から借りればいい」と思うかもしれませんが、残念ながら意味のない節税をしているような経営者には、銀行はお金を貸してくれないのです。

しかもキャッシュがなかったら、いざというときに支払いができず、最悪の場合は倒産することもありえます。

手持ちのキャッシュを減らす節税は「きれいに舗装された地獄への道」です。

税金を払いたくないために間違った節税をして、会社の成長を止め、あげく寿命を縮めてしまう――。

これではいったい、何のために会社を経営しているのかわかりません。

次項以降で、なぜキャッシュを使う節税が間違っているのかを詳しく説明していきましょう。

7割の中小企業が「節税」の誘惑に勝てない

「節税策」が経営者の自己満足になっていませんか？

日本の企業の数は、約367万4000社。そのうち99・7％が中小企業です。

つまり、日本経済は中小企業に支えられていると言っても過言ではありません。

しかし、日本経済の屋台骨である中小企業の多くは経営基盤が脆弱です。突然の取引打ち切りや入金の遅延など、大企業であれば乗り切れる問題も、中小企業には大きなダメージとなります。

一方、何かしらのプラス材料があると、急に業績がよくなるのも中小企業です。

要は、外部の影響を受けやすく、経営の好不調の差が激しいのが中小企業の特徴といえるでしょう。

そう考えると、お金で大変な苦労をしている中小企業の経営者が、かつてない利益を出した場合に、「税金を取られたくない」「たまには自分の思うように会社のお金を使いたい」

あるいは「もっと増やしたい」という気持ちになるのは十分理解できます。

使い方の例としてよくあるのが、きれいなオフィスへの引っ越しや、ベンツのような高級車の購入などです。

確かに引っ越しであれば、業者に支払う費用や不動産会社への手数料、備品の廃棄や購入にかかる費用は経費で落とせます。しかも、立地のよいピカピカのオフィスに移れば、採用活動への効果も期待できそうです。求職者に与えるイメージが上がり、業績をさらに伸ばしてくれるいい人材が採用できるかも……

また社用車についても、４年落ちの中古車であれば所得費用の全額を経費として計上できるうえ、新車では手が出せない高級車を買うことができるでしょう。その結果、信用度が増して、大口の取引が始まるかも……

成功者の気分を味わいながら、会社の将来に思いをはせる経営者もいるでしょう。

しかし、そのようなことはほぼありえません。

厳しい言い方になってしまいますが、きれいなオフィスも、人がうらやむ高級車も、一時的には節税になり、ワンランク上の経営者になれたような気がするものの、結局は経営者の自己満足です。

もちろん、自己満足が経営者にとってモチベーションアップにつながることはあるかもしれません。そこから得られるベネフィットも、いく分かはあるでしょう。

でも、ちょっと待ってください。それよりも、銀行からの評価が下がって融資を受けにくくなったり、資金繰りが苦しくなったりと、キャッシュアウトによる損失のほうがはるかに大きいのです。

「副業」での節税実現はありえない

また、このようなお金を好きなように使って自己満足を実現するのではなく、「節税ができ、しかも新しい収益源を確保できる」という節税方法も注目されました。

例えば、コインランドリー経営、室内ゴルフ練習場経営、ドローン投資、足場レンタルなど、耳にしたことがある方も多いのではないでしょうか。

これらが一時期話題になったのは、初期投資を一括償却できる「即時償却」の仕組みを使うことで、単年度で経費にして節税が可能になるだけでなく、それぞれを事業化すれば将来的な収益につながるという一石二鳥のおいしい話だったからです。

しかし、税制改正によって、２０２３年4月以降はこれらの事業を本業としない場合には即時償却が認められなくなりました。節税対策のスキームを封じる形で、貸付に用いた資産は除外されることになったのです。複数年にわたって減価償却をしなければならないのでは、節税効果はほとんどありません。

しかも、本業とは無関係に、節税目的に始めた事業を軌道に乗せるのはやはり難しいのでしょう。収益面でも期待外れだったことが多いようです。

結果的に、ただお金を使っただけというケースが多いと聞きます。

常に赤字を垂れ流す事業を抱えているのは、メンタル面でも問題があります。

現在も、キャンピングカーのレンタルなど、あの手この手の「節税と投資の同時実現」の方法が巷を賑わせていますが、額面通りに受け取ってよいものか、大いに疑問です。

大切なのは、節税願望と将来に対する不安を巧みに突いたこれらの方法には決してのらないことです。

内部留保を減らす結果となり、本来するべき投資ができなくなってしまいます。

中小企業経営者の皆さんは、いたずらに不安や期待を煽るような〝節税〟には十分注意してください。

社長の「もしも」に備える高額保険はやめなさい

法人保険は節税にならない？

日本人は、「備えあれば憂いなし」という諺が大好きなのでしょうか。一世帯あたりの生命保険加入率は、9割を超えるそうです。

同じように、約8割の中小企業経営者が、不測の事態に備えて法人保険に加入しているというデータもあります。

法人保険は、契約者と保険金の受取人をともに会社にしておき、社長や役員などの経営陣に不測の事態があった場合に備えるものです。

データを見ると、ほとんどの中小企業経営者が保険に入っていることになりますが、よくあるのが、会社が大きな利益を出せたときに、節税対策として加入するケースです。

私も個人的には、法人保険に加入しておいたほうがいいと考えています。

後継者への事業継承が進んでいて、社長に何かあってもスムーズに経営を交代できるような会社ならともかく、そうでなければ、経営が不安定になる期間が必ず発生し、社内が動揺します。その混乱を少しでも軽減し、従業員の不安を払拭する意味でも、保険金が入ることは効果があるからです。

ただ、それが節税を目的とするもので、必要以上に高額な保険に加入するという場合は話が別です。

保険金は、せいぜい粗利の１割程度に収めるべきです。なかには保険料が運転資金の３～６ヶ月分ほどの高額な保険に入る経営者もいますが、純粋な保険目的であれば明らかに過剰です。

また節税目的だったとしても、長期的には、保険は節税になりません。

１０００万円の掛け金を払って、社長に何かあった場合に１０００万円が入ってくる保険の場合、たしかに掛け金を払ったときには1000万円分の法人税を払わなくて済みますが、数年後、あるいは数十年後に不測の事態が起こり、保険金が入った場合には、収入として1000万円に法人税が課税されます。

これを「課税の繰り延べ効果」と言いますが、要は税金を払うタイミングが遅くなっただけです。

しかも保険料の払込期間は多額のキャッシュアウトが続くため、内部留保を増やすことは難しく、経営が圧迫されます。

もしもの場合に備え、会社存続のために必要な保険に加入することはおすすめしますが、税金を払いたくない一心で高額な保険に加入するのは、逆に自分のクビを締めることになってしまうのです。

「解約返戻金」は受け取り方がポイント

たとえ節税目的であったとしても、保険金を受け取ることを目的とした保険加入以外に、会社が好調なときに保険に入り、経営が厳しくなってきたら解約返戻金を受け取って運転資金に回すという使い方をしている方もいます。

いわば、税金を払うことなくタイムマシンにお金を乗せ、必要なときが来たら回収して、経営のために使おうということです。

これも、払い込んだ金額は経費処理できるので一時的には節税につながりますが、解約返戻金を受け取ったときには税金を払わなければなりません。

そのため、解約のタイミングや、すべてを解約するのか、あるいは一部を解約して残りは引き続き預け入れをしておくのかなどを、状況に応じてしっかり考える必要があります。闇雲に解約してしまうと、結果的に損をすることになりかねません。

ちなみに２０１９年に保険のルールが変わり、解約返戻金を当てにした節税はやりづらくなりました。簡単に言えば、解約返戻金として戻ってくる率が高ければ高いほど、加入時に経費として認められる割合が低いのです。

例えば、最高解約返戻率が85％を超える保険の場合、当初経費として認められるのは払込金額の10％です。解約返戻率が高かったら、もし１０００万円の保険に入っても、

100万円分しか経費にならないということです。

残念ながら、タイムマシン効果はかなり効果薄になってきたと言えます。

とはいうものの、この方法も「税金を払いたくない病」による過度な節税を目的としたものではなく、会社の安定経営を念頭においたものであれば効果はあると思います。

「節税を意識しない」「巨額な掛け金にしない」「（解約返戻金目当てであれば）解約のタイミングを見極める」

経営者が保険に加入するのであれば、安定経営のためにも、これら3つのことはぜひ守ってください。

決算セールで値下げをして商品の価値を下げる

「投げ売り」が必要な理由

小売業の経営にとって、在庫の調整は非常に重要なポイントです。仕入れた商品が右から左へ売れていく状態は、究極の理想と言えるでしょう。その反対で、売れ筋商品の欠品が続いたり、不良在庫が山積みになったりすることは悪夢でしかありません。

不良在庫とはいえ物理的に保管場所が不可欠になるので、倉庫の賃料が必要なうえ、一応は在庫ですから資産計上しなければならず、経費にはなりません。

売れる見込みがないのに賃料という余計な経費が発生し、在庫として資産計上されているためその分利益が増え、税金はしっかり取られるのです。当然ながら、持っている意味はまったくありません。

多くの小売業者はそれがわかっているので、いわゆる〝投げ売り〟をして商品本来の価値よりも低い価格で処分しようと考えます。

評価損を発生させてでも不良在庫をなくしてしまったほうがいいからです。

帳簿を見れば評価損が発生していることがわかるので、経営者はその能力に疑問を持たれ、銀行融資など資金繰りに影響が出る場合もあるかもしれません。

それでも税金は安くなり、会社の状況は改善されると言えます。

決算セールで「節税」は可能？

では、この方法を応用して節税目的で評価損を出すために「決算セール」と銘打ち、不良在庫ではない商品を低価格で処分するという方法は、節税の手段としてどうでしょうか？

近視眼的には一見盲点を突いているようにも思えますが、私はおすすめしません。というより、このような節税はするべきではありません。

会社の成長に向け必要な資金を蓄えるために、適切かつ適法な手段で税金を減らしていくことは真っ当な節税です。

しかし、決算セールを利用した「節税」は、商品の価値を下げて販売することで、本来得られたはずの収益を失っています。つまり、内部留保を増やす機会を自らなくしているということです。

さらに、評価損を出していることで、財務内容が悪化し、経営者に対する銀行からの視線が厳しくなります。

中小企業にとって、会社の成長や、いざというときの命綱として、銀行融資は必要不可欠です。しかし、銀行は財務内容に問題があったり、経営者の行動に疑問を感じる企業への融資には消極的です。

つまり「なんちゃって決算セール」節税をやってしまうような企業は、銀行からの融資を受けづらくなる可能性があるのです。

1期分の税金をケチろうとしたために、資金繰りが苦しくなることもあるということです。

経営上やむを得ない、本当の不良在庫の処分であればいざ知らず、商品本来の価値を毀損してまで取り組む節税は、いい結果を招くことはありません。

そもそも、それは節税ですらありません。

意味のない節税対策を考えるよりも、本当の経営者であれば、利益率の高い商品を数多く販売して内部留保を増やすためにはどうしたらいいのかを考えたほうがよいでしょう。

経費の前倒しをしすぎて資金繰りが悪化

翌年の経費をまとめて払う「短期前払い費用」

読者のなかには、住宅ローンの繰り上げ返済をされている方も多いと思います。

特に、期間短縮型の繰り上げ返済は利息の軽減効果が大きく、やらない手はありません。

住宅ローンのような個人の借金は、できるだけ早い時期に、できるだけ多く返済することが重要です。

しかし企業経営の場合には、こういった考え方はまったくおすすめできません。

まとまった資金ができたからといって、銀行からの融資を繰り上げ返済することは「銀行の利益＝利息」の減少につながります。そのため、今後の銀行との付き合いを考えると、利子を払い続けることになっても、事業用融資の繰り上げ返済は避けるべきです。

もっとも、銀行との付き合いを考える以前に、繰り上げ返済をしてまで手元資金を減らす必要はないわけですが……。

もう一つ、まとまったキャッシュができたとき「お金を払う」という意味で、節税対策をかねて経営者がやってしまいがちなことが、経費支払いの前倒しです。

ここでいう経費とは、家賃、複合機のリース代など、年間を通じて毎月必ず発生するものです。

そして業績がよかった年の年度末に、節税のため少しでも利益を減らそうと、翌年の分の経費を一括して払ってしまうのです。

例えばひと月50万円の家賃だとしたら、支払い済みの当期分と来期分の合計２年分１２００万円を経費として落とせることになります。

これは「短期前払い費用」という経費の計上方法で、税法上も認められています。ですから、法律面で問題が出ることは考えられません。ただし、経営上、問題が発生する可能性があります。

それは、大きなキャッシュアウトを伴うため、財務内容を悪化させるかもしれないということです。

「キャッシュアウトと言っても、この場合はムダ遣いじゃないし、結局、払うお金なんだから問題ないんじゃないか？」という方もいるかもしれません。

確かに、いずれにせよ支払うお金ではありますが、その支払い方に問題があるのです。

「短期前払い費用」は単年度では認められない

中小企業が安定経営を続けるためには、内部留保は運転資金の3～6ヶ月程度が理想です。そのくらいの余裕があれば、多少、外部環境に変化があったとしても、資金繰りに問題が出ないからです。

ということは、まず目指すべきことは、成長のための投資とのバランスを取りながら余裕のある内部留保の蓄積を進めることでしょう。

その蓄積がないのに、「先に払ってしまったほうがトクだろう」とばかりに経費の先払いをしてしまうのは、順番が違います。実際に次の期になり、予定していた入金が遅れたために資金繰りが悪化し、綱渡りの経営を強いられることもありえます。

「あのとき経費の前払いさえしていなければ……」と思っても、後の祭りです。

運転資金の３～６ヶ月程度の潤沢な内部留保がなければ、どのような理由であっても、キャッシュアウトを伴う節税はするべきではありません。

もう一つ、「短期前払い費用」で注意が必要なのが、この方法は単年度では認められないということです。一度このやり方で払ってしまったら、翌年以降も、次の年の分をまとめて支払う必要があるのです。

「前期は儲かったから今期の分もまとめて払ったけれど、今期は厳しいから普通に月割で払いたい」という虫のいい話は通用しません。

それらの点を考慮すると、今後、安定的に事業を拡大できるという確信がなければ、一時の節税のために経費の前倒しはするべきではありません。

さらにもう一つ、期末に利益が残ったとき、社員に「決算賞与」を出す会社もあります。社員の1年の頑張りをねぎらおうという考えはとてもいいと思いますが、ここでも払い過ぎは禁物です。

社員に利益を還元するといっても、当然限度があります。**儲かったら儲かった分だけ払っていたのでは経営が成り立ちません。**

それよりもしっかりと内部留保を増やし、事業拡大で会社を成長させ、より高い給料を払える会社にしたほうが、結果として社員のためになるはずです。

第2章

なぜ「負の節税」をやめると収益が10倍になるのか？

節税すると会社にキャッシュが貯まらない

税金を払ったほうが、キャッシュが残る

第1章でキャッシュアウト（資金流出）を伴う「節税」の問題点をいろいろ指摘しましたが、「税金を払いたくない」「節税したい」というマインドの根底にあるのは「会社にお金を残したい」ということだと思います。

もしかしたら、第1章で紹介したような節税対策に取り組んでしまう方の多くは「たとえキャッシュアウトしても、正直に税金を払うより、トータルで見ればなくなる金額は少なくなるはず」と考えているのかもしれませんが、このような方は税金を、ある意味「過大評価」しています。

確かに税金は安いものではありませんが、それでも決して、驚くほど不当に高いものでもありません。「税金で持っていかれる」と考えただけで、実際の金額よりも感覚的に多く払っていると勘違いしているのです。

では果たして「節税」をせずに普通に納税した場合と、キャッシュアウトを伴う「節税」

対策をしてから納税した場合では、**どちらが会社にお金が残ると思いますか？**

それは間違いなく「節税」対策をせずに、普通に納税した場合です。

例えば、利益が１０００万円出ているA社とB社があったとします。

A社が節税対策を行わずに税金を払った場合、納税額は約２３６万円です。

一方のB社は、主に節税目的で１０００万円の利益のなかから２００万円をかけて塗装工事や内装設備の修繕を行い、全額修繕費として損金処理をしたとします。

その結果、利益は８００万円で、それに対する納税額は約１７６万円となるので、確かに収めるべき税金はA社よりも低く抑えられました。

しかし、よく考えてみてください（よく考えなくてもわかることですが）。

B社の場合、そもそも修繕工事費として２００万円を払っています。つまり税金と合わせて、３７６万円がキャッシュアウトしているということです。

普通に税金を払ったA社のキャッシュアウトは２３６万円ですから「節税」対策をしたB社より、１４０万円も多くお金を会社に残せています。

単年度ではそれほどの差とは感じられないかもしれませんが、同じようなことを10年間繰り返していたら、両社の内部留保には、1年分の利益以上の1400万円の差が開くことになります。

倒産につながる「節税」

もちろん、長い年月の間には必要な修繕も発生するでしょう。そのときはきちんと「修繕費」として経費にすればいいのです。

もし「節税」のために必要のないキャッシュアウトを続け、内部留保を十分に積んでおくことができなかったら、本当に必要なときにキャッシュがないために「倒産」という最悪の結末を迎えることもありえます。

キャッシュが不足して資金調達もできず、借入金の返済や取引先への支払い、従業員の給与の支払いができなくなると、会社は倒産します。

倒産というと、ニュースで聞くのは誰でも知っているような大企業なので「倒産リスクとは大企業のもの」と考えている人もいるかもしれませんが、圧倒的に多いのは、中小零細企業が倒産に追い込まれるケースです。

本書の読者の方なら身を持って感じていらっしゃるかもしれませんが、中小零細企業は経営環境の変化に影響を受けやすく、また取引先の倒産による連鎖倒産を起こしやすいからです。

そのような危機的状況を回避するために必要なのが、十分な内部留保です。

たとえ売上が0になっても、半年~1年分の固定費がまかなえる程度の自己資金があれば、生き延びることができるかもしれません。しかし、1~3ヶ月ほどの余裕資金だけでは、非常に厳しいと言わざるを得ません。

「そうなったら融資を受ければいい。銀行がなんとかしてくれる」と思うかもしれません。

しかし銀行は貸倒れを防ぐために、十分な内部留保ができていないような会社にはなかなかお金を貸してくれないのが実情です。

お金を増やすつもりでせっせと「節税」していたにもかかわらず、十分な内部留保を確保できなかったために連鎖倒産に巻き込まれ、あえなく倒産……。

キャッシュアウトを伴う「節税」には、そのような末路も待ち受けているのです。

節税をやめて「内部留保」を増やす企業が勝ち

時間をかけても「貸借対照表」を改善するべき理由

中小零細企業の場合、経営の命綱となるのは銀行からの融資です。

そして、前にもお伝えしたように、融資を受けやすいのは内部留保の多い企業です。

今さらですが、「内部留保」という言葉は、いわゆる財務三表のどこを見ても出てきません。

内部留保とは、正式な会計用語ではなく、一言で表せば「**会社が持っている資産**」です。**貸借対照表の「純資産の部」にある数字が内部留保**であり、経営者はいざというときにはこの資産を使って会社を守るのです。

そして、この「純資産の部」を改善する方法は、資本金を増やすか、あるいは毎年の利益をコツコツ積み上げていくしかありません。

損益計算書は、事業年度ごとの業績の好不調で数字が大きく変わることがありますが、基本的に貸借対照表は会社が設立時から現在に至るまで積み上げてきた財産状態を示すものであり、一時的な業績変動の影響は受けづらいものです。

また、経営者の姿勢が色濃く反映されるため、銀行が融資の際に重視するのは貸借対照表です。

銀行は貸借対照表を見て融資可能な企業か判断するのですが、いわゆる「節税」対策をしてきた会社の貸借対照表は、「何年も続いている会社なのに、キャッシュが少なすぎる」「本業に関係のない固定資産が多い」など、利益を出すことよりも節税に一生懸命だったことが一目瞭然なのです。

これでは融資については厳しい姿勢を取らざるを得ません。

貸借対照表の内容を改善するためには、どうしても時間がかかります。

それでも、銀行が融資をしたくなるような会社になるためには、毎年、着実に純資産を増やし、節税のために買い入れた不要な固定資産を売却していくべきです。

「資産」が多い会社の落とし穴

余談になりますが、貸借対照表の見方についてもお伝えしておきましょう。

貸借対照表には、先ほどの「純資産の部」のほか「資産の部」「負債の部」があります。

「資産の部」とは、その会社にある「財産」を示すものです。

預貯金に始まり、売掛金や短期の貸付金など現金化しやすい順に並んでいますが、ここに、1年以内に現金化することが可能な財産がどのくらいあるかということが、健全な会社かどうかを見分けるポイントになります。

なぜなら、資産の部の金額がやみくもに大きくても、健全な会社とは限らないからです。

資産の部のうち、固定資産と呼ばれる不動産や投資有価証券といった株式は、すぐに現金化できません。それればかりか、例えば、まったく売れる見込みのない不動産を大量に保有している場合、資産の部の数字はふくらみますが、実際には現金化できないので財務状態の改善には結びつかないからです。

ちなみに「資産の部」と「純資産の部」の違いは、一言でいえば「その資産に返済義務があるか否か」ということです。

「資産の部」には、「負債の部」にある借入金も入っていますが、これはいずれ返済する必要があるキャッシュのことです。そのため、いくら資産が大きくても、実際には借入金、すなわち負債が多いこともあるので、資産の部が企業の健全性や実力を正しく反映しているとは限りません。

もちろん、負債が多いから財政状態が悪いことでもありませんが、現金化可能な資産の金額よりも負債の金額が多いと、金融機関は融資をしない可能性があります。

結論を言えば、毎年利益を出し続け、純

貸借対照表とは？

ある一定時点の、企業の財務状態を示すもの

資　産	負　債
流動資産 一年以内に現金化する資産	**流動負債** 一年以内に支払期限が到来する負債
固定資産 一年を超えて長期的に保有する資産	**固定負債** 支払期限が一年より後の負債
操延資産 支出費用のうち、その効果が将来にわたって発現すると期待される資産	**純資産** **純資産** 返済を必要としない資産

資産、すなわち「内部留保」を増やすことで、企業の信用度が上がり、資金にも余裕が出て、健全な繁栄を実現することにつながるということです。

大企業との取引が「倍々ゲーム」で収益を生む

「あの大企業と取引があるなら……」という安心感

大企業との取引実績は、中小零細企業の経営者にとってステータスです。

まず、自社の信頼度が高まります。

その結果、「あの大企業と取引があるなら、ちゃんとした会社なのだろう」と判断され、新たな取引先を増やせるかもしれません。そしてその取引先から、さらに大口の発注も期待できます。

このように多くの中小零細企業にとって、大企業との取引はステップアップできるチャンスです。そのため、多少利益の薄い仕事であっても、大手企業の仕事を請けるという会社も多くあります。

また、大企業の場合、実際の取引でも大きなメリットがあります。

私が顧問をしている小規模の建設会社が、最近、大手企業と取引を始めたのですが、「やはり大手は中小の元請けとは全然違いますね！」と経営者の男性が感心していました。

「どのような違いがあったのですか？」と聞いてみると、彼はうれしそうにこう説明してくれました。

「まず、こちらの事情をちゃんと理解してくれます。最近は職人に払う工賃も高くなっているし、保険にも入らなくてはいけないし、以前に比べてかなりコストが上がっているんです。中小の元請けだと、あちらもカツカツだからその分の請求なんて到底できませんが、大手だとその分を上乗せできるんですよ。ありがたいです」

ほかにも「発注が途切れず、安定した取引ができる」「単価の引き上げ交渉にも応じてくれる」など、いろいろなメリットを挙げ、「やっぱり、付き合うなら大手ですね」とうなずいていました。

大手企業にとっては、多少のコスト増よりも、下請けと揉めて工事が止まってしまうことのほうがよほど大問題です。そのため、融通を利かせることがあるのでしょうが、そのような余裕があるのも大手ならではかもしれません。

大企業に好かれる中小、相手にされない中小の違い

このように、中小零細企業にとって魅力のある大手企業との取引ですが、大手企業が中小零細企業を選別する基準はなかなか厳しいといえます。

会社の仕事についての評価はもちろんですが、財務内容もしっかり確認されます。もし資金繰りに苦しんでいるような会社の場合、前金を求められ、その挙句、工期中に資金がショートして倒産してしまう恐れもあります。多少腕がよくても、そのようなリスキーな会社と取引をしたいと考える大企業はありません。

そのため、取引を始める際には相手先の財務諸表を確認したり、帝国データバンクや東京商工リサーチのような民間の調査会社を使ったりして、経営状態や財務内容を調べます。

そして毎年、一定の利益を出し、内部留保も充実している会社であれば、発注先として問題がないと判断され、取引が始まります。

内部留保が増えるループを実現させる

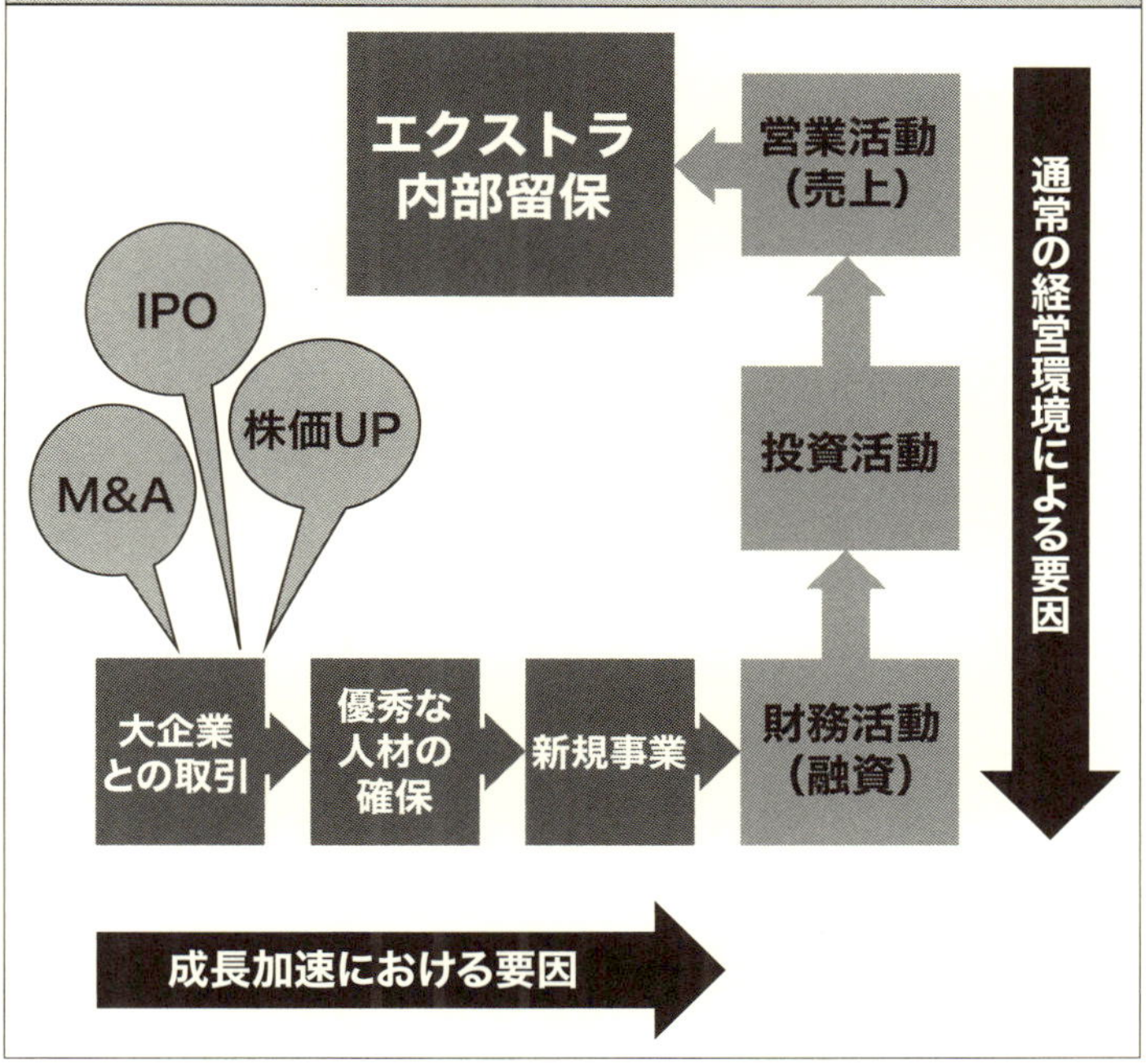

逆に言えば、一般的に想定されるより内部留保が少なく、流動資産の比率が低い会社の場合は信用度が低いと判断され、大手企業との取引は難しいでしょう。

先ほど、銀行がお金を貸したくなる企業の条件について説明しましたが、大手企業が取引を始めようと考える条件も同じです。

「節税」で得られる一時的なベネフィットと、大手企業に認められ、自社に好条件で取引を開始するのと、どちらが会社の成長にとって有利なのかは言うまでもありません。内部留保を増やすことは、いざというときの資金繰りを楽にするだけでなく、会社の可能性をも広げてくれるのです。

財務体質がよくなるといい人材が採用できる

年収5000万円を稼ぐAI人材

2024年の日本商工会議所の調査によれば、全国約6000社の中小企業のうち、65・6%が「人手が不足している」と回答しています。

中小企業が人材難になる理由は、企業の知名度もさることながら、大企業との待遇の差にあることも否めません。

同調査によれば、中小企業も賃上げに向けて努力をしているようですが、同年度に賃上げ実施を予定している企業が6割超ある一方で、従業員が5人以下の会社では「賃金を上げる」と回答しているのは約3割。

中小企業のなかでも、人手不足に対応できる企業と、難しい企業とに分化していることがわかります。

今まで「従業員の給料が安い」と言われ続けていた日本ですが、人材確保に向け、優秀な人材には特別に高額な給料を払う会社が増えてきています。

例えば、インターネットサービスのＧＭＯインターネットグループでは、優秀な新卒を確保するために、「新卒年収７１０万円プログラム」を始めました。

また、人材の争奪戦が繰り広げられているＡＩ関連の企業では、年収１０００万円台は当たり前で、なかには３０００万円、５０００万円という年収を約束している企業もあるのだとか。

ここまで高額な給料は、ＡＩ開発というトレンドに乗っている特殊な職種だからではありますが、高い給与を払ってでも優秀な人材を欲しいというのは、どの会社でも共通した思いではないでしょうか。

内部留保が人材難を救う

中小企業も、その思いは同じでしょう。特に、新製品やサービスが好調で、会社が勢いづき始めているときなど、社長ひとりの営業力に頼るのではなく、ぜひ優秀な営業マンを採用して一気に勝負をかけたいということもあると思います。

そのような場合、内部留保が充実していれば迅速な対応が可能です。なぜなら、人材を採用するにも、当然コストが発生するからです。

まず、人材募集の広告を出すのにお金がかかります。そして実際に受け入れるとなれば、その備品などを買いそろえる必要があり、そこでも費用が発生します。

そしてなんといっても肝心なのが人件費です。

給与が同業他社と比べて差がなかったり、ましてや少なかったりしたら、わざわざ転職しようという人はいないでしょう。

人材採用をする前に、人件費の増加分を営業活動の拡大による増収や内部留保の活用でどのように回していくかなど、事前にある程度のシミュレーションをしておく必要があります。

その際、会社を成長させるチャンスに自由に使えるお金がふんだんにあれば、売上拡大に向けたいろいろな打ち手を検討できるなど、経営者にとっても精神的な余裕が持てるでしょう。

もし財務的に余裕がないにもかかわらず人を採用したら、無理な目標を掲げ、結果を急ぐあまり社内の雰囲気が悪くなったり、あるいはせっかく採用した人材が早々に退社してしまったりと、いい結果にはつながらないと思います。

「ウチは社員数も少ないから、いざというときに必要なくらいのお金があれば十分」という経営者の方がいるかもしれません。

しかし、内部留保とは、資金繰りに問題が発生したときのために用意しておくものでもありません。

またとない成長のチャンスをつかんだときに、安心してチャレンジをするためにも、内部留保を潤沢にしておくべきです。

必要な投資に
備えて内部留保を
蓄える！

魅力的な新規事業・イノベーション創出に投資できる

積極的な事業展開は成功への近道

経営者であれば、誰もが自社の成長と拡大を望んでいるでしょう。

そのためには資金が欠かせませんが、最近ではスタートアップ企業を中心に、その調達方法が多様化しています。

金融機関からの融資だけではなく、ファンドからの投資やクラウドファンディングによる個人レベルでの資金集めなど、見た目に華やかなうえ、融資や出資を受ける経営者にはいかにも「成功しそうな雰囲気」があります。

その様子を見て、「自分も新規事業に取り組んでみたい！　大きく飛躍してみたい！」と思う中小企業経営者もいることでしょう。

そのような意欲のある経営者を後押しするデータもあります。

平成29年の中小企業白書によれば、新規事業に成功した企業のうち、約半数の51・4％

は経常利益率が増加傾向にあると回答しています。

つまり、新たなチャレンジをした企業のうち、2社に1社は成功しているということです。これは相当に高い確率だと思います。

また、新規事業に成功している企業が取組を始めた背景を調査したところ、「新しい柱となる事業の創出」が約68％、「顧客・取引先の要請やニーズへの対応」など、積極的な理由が約65％となっています。

一方、成功していない企業の場合、「他社との競争激化」「既存市場の縮小・既存事業の業績不振」など、消極的な理由で新規事業を始めたという回答がどちらも50％近くありました。

このデータを別の角度から見ると、積極的な理由で新規事業を始めた企業は、外部要因の変化でやむなく取り組んでいる企業に比べ、成功する可能性が高いと言えるかもしれません。

やる気があれば必ず報われるとは限りませんが、成長分野にチャレンジしてみたい、あるいは本業を横展開して関連事業分野を拡大していきたいなど、積極的に新規事業を進めたいと考えているのであれば、取り組む価値は十分にあるでしょう。

新規事業は自己資金で始めるべき理由

ただ、その場合、注意するべきことがあります。

事業資金は原則として自分で用意するということです。

新規事業を進めるにあたっては、「金融機関からの融資を受けよう」という方が多いのではないかと思いますが、これはあまりおすすめしません。

本業の運転資金を差し引いても十分に資金に余裕があると判断されれば、融資はされると思いますが、万が一、新規事業がうまくいかなかったときのことを考えるとリスクが高いからです。

大企業であれば、本業の基盤が盤石なので、たとえ新規事業に失敗したとしても返済能力に問題が生じることもなく、必要であれば追加で融資を受けることも可能でしょう。

しかし中小企業の場合は、そうはいきません。

万が一の場合、融資は返済できたとしても、内部留保は毀損しているかもしれず、その場合には過去に築き上げた信頼も失い、本業への融資も難しくなることもありえます。

中小企業の場合、新規事業は本業に影響を与えない範囲で、あくまでも自己資金で始めるのが鉄則です。新規事業がうまくいかなくても本業が問題なく回っているのであれば、金融機関からの融資は受けられるからです。

このようなことをいうと、石橋を叩いて渡る消極的なイメージがあるかもしれませんが、それは違います。

よく投資や新規事業に失敗した人が「いい勉強になりました」という言い方をしますが、借入金の場合は、「いい勉強」では済みません。

しかし自己資金であれば、勉強のやり直しをすることもできるのです。

そのためにも、内部留保を厚く持っていることが大切です。内部留保に十分な余裕があれば、本業を守りながら将来性の見込める新規事業を始めることができ、しかもうまく成長軌道に乗せることができれば、経営基盤を固めながら、さらにチャレンジを続けることができます。

果敢な攻めの経営のためにも、内部留保は着実に積み上げていくべきなのです。

M&Aで事業や会社が高値で売れる

ますます活気づくM&A市場

かつてはM&Aというと乗っ取り屋に大切な会社を奪われるような、あまりよくないイメージがありましたが、いまではM&Aについての理解も進み、そのようなネガティブな感情を持つ人はほとんどいないのではないでしょうか。

実際、M&Aの件数は年々増加を遂げ、2019年には4000件を超えるまでに拡大。

さらに最近では、後継者不在に悩む中小企業支援の一環として、国も事業承継を目的としたM&A施策に取り組んでいます。

その流れに乗り、M&A専門の仲介業者の数も増えて取引の環境も整備され、M&Aマーケットはいままさに活気に満ちているのです。

特に若手起業家のなかには、経営が軌道に乗ったら企業を次々と売却し、それを元手の資金にして、また新しい事業を興すという方も少なくありません。

そのような状況を見ると「もしかしたら自分の会社もうまく買ってもらえるんじゃないか？　そうなったら、次はどんなことを始めようか」などと期待する人もいるでしょう。

では中小企業がM&Aされるのはどのようなケースがあるのでしょうか。

その一つが、先に紹介した第三者による事業承継ですが、もう一つ、大企業による買収というケースも多くあります。

「買収対象の企業が持っている技術やノウハウを獲得して成長スピードを加速させたい」、あるいは、「同業の中小企業を買収することで事業規模を拡大したい」など、目的はさまざまですが、先頃あった事例をご紹介しましょう。

運送業界に激震をもたらしている「2024年問題」をご存知でしょう。

これは、2024年4月以降、法改正によって、トラックやバス、タクシーなどのドライバーの時間外労働時間を年間で960時間以内にしなければならず、違反者には罰則が課せられるというものです。

いままで運送業界は、ドライバーの超過労働によって安い運賃を維持したり、配送時間の短縮を実現してきたので、一人当たりの超過労働時間が短縮される分、ドライバーの数を増やさければ業務に対応できません。

そこで大手運送会社は、自社でドライバーを採用・育成するための時間的コストをかけるのではなく、手っ取り早く変化に対応するために、中小零細の運送業者を買収していったのです。

これによって、大手運送業者は従来のサービスを維持でき、中小零細の業者にとっては、2024年問題によって経営が危ぶまれるところを救われたということになります。

さらに買収される企業の社員からすれば、突然大会社の社員になり、待遇が改善される可能性もあるということであれば、まさにWin-Winを実現したM&Aといえるでしょう。

有利な条件で事業を売却する方法

ところで、このようなポジティブなM&Aを有利に実現するために、中小企業に必要なことは何だと思いますか?

ここまで言えば、もうおわかりですね。

そう、毎年しっかり利益を出して、内部留保を増やしておくことです。

特に、「節税」によるキャッシュアウトのために大量の使途不明金などが発生している場合、M&Aできない可能性もあります。

稼いだお金を何に使っているのかわからない会社を、多額の資金を投入して買収しようという会社はないからです。

自社を売却し、そのキャッシュで新たな事業を始めることは、中小企業経営者にとって非常に魅力的な夢だと思います。

そして、その夢を実現するためには誰が見ても納得できる財務内容にしておく必要があります。

いまからでも遅くはありません。

これまで「節税」に一生懸命だった経営者は、速やかに本業とは無関係な資産を処分して、相手から望まれる財務内容の会社にするための準備を進めておきましょう。

従業員や取引先のために
M&Aをするなら
健全な財務体質がMUST

第３章

「エクストラ内部留保」がさらなるキャッシュを呼んでくる

内部留保は「潤沢」か「それ以外」か

潤沢な内部留保で2年間の無収入を乗り切った会社

「過ぎたるは及ばざるがごとし」という諺があります。

「何事もほどほどに」ということで、うまく世間をわたっていくためにはいい考えなのかもしれませんが、会社経営、特に内部留保については、その考えは当てはまりません。

個人が「お金はいくらあっても困らない」のと同様、**企業も内部留保はいくらあっても困ることはありません。**

株式を公開している大手企業であれば、あまりにも内部留保が多いと「もっと投資に回せ」「従業員に還元しろ」などという声が聞かれるかもしれませんが、ごく普通の中小零細企業の場合には、「潤沢すぎて」困るということはありません。

むしろ**安定経営という観点では、潤沢でないほうが問題です。**

「自分はうまく経営できていて資金繰りにも問題がないから、内部留保はあまりなくても大丈夫」と言う経営者もいるかもしれません。

しかし、自分の経営能力とは無関係に、外部要因で会社が危機に陥ることもあります。

そのようなときに、潤沢な内部留保があれば、会社は生き延びることができます。

このような例があります。

コロナ禍の真っ只中のときのこと。

飲食店は軒並み営業自粛を余儀なくされ、繁華街の灯火はまさに消え入るような状況でした。

それでも、飲食店の場合は〝補助金〟ということで、国からある程度のお金が出ていたのでなんとかやりくりできていたお店も多かったのですが、飲食店にアルコール類を卸していた会社には、その〝補助金〟がなかったのです。

私が顧問をしている会社のなかに、まさにその酒販卸の会社があったのですが、飲食店が営業していないため、商品の卸先がなく、売上がまったく立たない状態が2年近く続きました。

ところが、その会社の経営者は厳しい状況にもかかわらず、1人の従業員も解雇することなく会社と雇用を守り抜いたのです。

それを可能にしたのが潤沢な内部留保でした。

当然、金融機関からの借入はしましたが、それができたものも、現預金に余裕があり、金融機関からの信頼が厚かったからこそ。

なぜそこまで内部留保を厚くしていたのか、あとになってその社長に聞いてみたところ、「特に理由はありませんが、会社を経営していたら何が起こるかわかりませんよね。純資産を多く持っていれば、金融機関からお金も借りやすいですし、融資をしてくれないような状況になっても、しばらくは持ちこたえることができます。『転ばぬ先のつえ』ということでお金を取っておいたのですが、これで本当に助かりました」と話していました。

コロナが収まり、飲食店が通常営業に戻ったことで、その会社の業務も通常に戻ったのですが、「会社が厳しいときも社長は自分たちを守ってくれた」と、従業員のモチベーションは非常に高く、コロナ以前を上回る売上を達成できそうだと、社長は喜んでいました。

内部留保の活用でピンチをチャンスに変える

この例は、豊富な内部留保が守りを固めるために利用された例ですが、苦境だからこそ攻めに転じようと、豊富な内部留保を活用した例もあります。

同じくコロナ禍の頃、ある旅行代理店の話です。

その会社は海外旅行の取り扱いをメインにしていたので、海外旅行が事実上不可能な状況で売上がほぼゼロになってしまいました。

しかし、家賃や従業員の給料などで、毎月の固定費は約３００万円。売上がない状態で毎月それだけのお金が出ていってしまうのは、明らかにムダです。

そこで社長は一計を案じました。

銀行から借入を起こして、ビルを買い取ってしまったのです。

その結果、ビルのオーナーとなったことで、家賃が発生しなくなりました。そればかりか、自分たちで使わないフロアはテナントに貸し出し、その家賃を借入の返済に当て、ピンチはチャンスとばかりに資産を築き上げたのです。

もしビルのオーナー業がうまくいかなくなれば、ビルを売却すればいいだけです。

そのようなことができたのは、やはり内部留保が十分にあったからです。

充実した内部留保は、1年や2年の短期間でできるものではありません。長期にわたる経営者の姿勢が反映されたものです。

繰り返しになりますが、内部留保は、あるかないかではありません。潤沢にあるか、それ以外かです。

そして、それによって運命は大きく変わってしまうのです。

本当の「儲かる仕組み」は、「いかに内部留保を貯めるか」にある

攻めの純資産「エクストラ内部留保」

皆さんは、「エクストラ内部留保」という言葉をご存知でしょうか?

会計の知識のある方でも、おそらくこの言葉は初耳だと思います。

なぜなら、「エクストラ内部留保」とは、単なる内部留保を超えた内部留保、つまり利益を生み出す源泉となる特別な内部留保という意味で、私のつくった造語だからです。

ここまで、内部留保のメリットについていろいろと説明してきましたが、どちらかというと、いざというときに会社を守るために必要な資金であり、組織防衛の側面が大きいと感じられたのではないかと思います。

しかし内部留保とは、もっと積極的な意味合いもあります。

第２章でも簡単にお伝えしましたが、内部留保を活用することで、新規事業への進出や、事業領域の拡大が可能になるのです。

会社を守るために必要な内部留保よりさらに大きな内部留保。それがキャッシュを生み出すための内部留保であり、私が考える「エクストラ内部留保」です。

いわば、攻めるための内部留保だと考えていただいてもかまいません。

では、内部留保を超えた「エクストラ内部留保」は、どうしたら増やすことができるのでしょうか。

それには、特別な方法はありません。

「どうしたら利益を極大化できるか」を念頭に、王道にしたがって内部留保を増やしていくだけです。

内部留保を増やす5つの原則

内部留保を増やすためには、以下の5つの原則があります。

1.「すべての信用や評価が内部留保で測られる」ことを認識する

金融機関をはじめとする第3者の評価は、まず「内部留保」があるかどうかで判断されます。

2.会社にメリットを生まない節税をやめる

「節税」をしなければキャッシュフローが改善する可能性が高く、キャッシュアウトを伴う節税は会社の成長を鈍化させます。

3．人材・福利厚生・顧客サービス向上に投資する

会社経営をするうえで、成長につながる投資は節税対策ではなく、未来への投資です。節約ばかりに目を向け、これらの支出を減らしすぎても会社は成長できず、結果として内部留保を潤沢に溜めることができません。

4．「売上」ではなく、会社の価値を決める「利益率」を高める

売上規模感があることでステイタスを感じる経営者も多いですが、会社経営の本質は、いかに「粗利益」を確保できるかどうかにあります。粗利が確保できて、初めて会社の経営が行えるのです。

5．数字は「本業に集中」しながら「他人任せ」にはしない

上場企業の決算発表で、自社の決算内容を理解していない経営者がいないように、中小零細企業の社長も自社の決算内容（財務諸表）は理解する必要があります。

内部留保を増やすためにはムダ遣いをやめることも大切ですが、確実に拡大していくために必要なものは「利益」です。

この5原則に忠実な企業は、実に効率よく利益を上げられるようになります。

なぜなら、取引先として選ばれる企業になるからです。

大手企業にせよ、中小零細企業にせよ、取引相手に求めるのは安定した経営状態です。いつ資金がショートするかわからないような企業とは取引をしたいとは思わないでしょう。

鶏と卵のような話になってしまいますが、まずは着実に内部留保を厚くすることです。すると、その過程で自社の信用が増し、取引先も拡大し、内部留保はますます増えていきます。

そして十分な余裕ができたら、一気に攻めに出るのです。

エクストラ内部留保とは、強力な盾であると同時に切れ味鋭い矛でもあります。

以上の5原則をしっかり認識して、着実に利益を積み上げることで、勇猛果敢な企業経営が実現するのです。

資金繰りの悩みから開放されるたった一つの方法

銀行が融資を決める４つの指標

中小零細企業にとって、資金繰りの悩みを解決する方法は、金融機関から必要なときに必要な金額を融資してもらえる財務体質にしておくこと。その一点につきます。

そして、金融機関は以下の指標で融資の可否を決定しています。

●安全性

安全性とは、「会社が継続して事業を行える状況にあるかどうか」、「資金繰りに問題がないか」などを表す指標をいいます。安定性を構築する指標には、次のような指標があります。

【自己資本比率】 自己資本÷総資産

【当座比率】 当座資産÷流動負債

※当座資産とは、現金、預金など短期間に容易に換金できる資産全般をいいます。決算書の科目としては現金、普通預金、当座預金、売掛金、受取手形となります。

【流動比率】　流動資産÷流動負債

【固定比率】　固定資産÷自己資本

なかでも重要なのは『自己資本比率』です。

自己資本比率の理想的な割合は30％以上といわれていますが、10％以上あれば健全と判断されるでしょう。

もし、自社が債務超過の状態に陥っており、自己資本比率が計算できない場合は次の指標を参考にしてみてください。

【債務超過解消年数】　債務超過額÷税引き後当期純利益

債務超過解消年数が3年以内であれば、まだ融資を受けられる可能性がありますが、それ以上だと難しくなってきます。

●収益性

収益性とは、「会社が収益を得る力」をいいます。より少ない資本でどれくらい効率的に収益を生み出すことができるかを表す指標です。収益性を計る指標には、次のような指標があります。

【経常利益率】 経常利益÷売上高
【営業利益率】 営業利益÷売上高
【総資本利益率】 当期純利益÷総資本
【総資産利益率】 当期純利益÷総資産

これらはすべて重要ですが、業種によって利益率が異なるため健全かどうかを計るには、各業種の平均利益率を超えていることと、総資産利益率が５％以上あれば健全と判断されます。

●成長性

成長性とは、その会社の事業がどのくらい伸びているのか、会社の規模がどのくらい大きくなっているのかをを知るための指標をいいます。成長性を計る指標としては、次のような指標があります。

【売上高増加率】（当期売上高 － 前期売上高）÷前期売上高
【経常利益増加率】（当期経常利益額 － 前期計上利益額）÷前期経常利益額

いずれも前年より増えていることが大前提であり、さらに年々増加していることで評価されます。

●返済能力

融資の返済が十分に行なえるほど資金に余裕があるかどうかを判断するための指標です。

・（有利子負債 － 運転資金）÷償却前営業利益

この指標が10年未満であれば正常な範囲ですが、５年未満が理想とされています。

これらの指標を組み合わせて、会社の格付けを行い、「正常先」、「要注意先」、「破綻懸念先」、「実質破綻先」および「破綻先」と区分して、その企業に融資可能かどうかを判断します。

連続赤字なのに融資を受けられる会社の秘密

ところで、このような指標を金融機関が重視するのは当然なのですが、意外な事例として、大手企業と取引があると融資でプラスに働くケースをご紹介しましょう。

非常に経営が厳しく、常に借入と返済を繰り返している運送会社があります。

一言でいえば、まさに自転車操業です。

常に赤字で、借入ができなければ倒産まっしぐらという状況であるにもかかわらず、地元の金融機関は融資を切らさないのです。

いったいなぜだと思いますか？

それは、その会社の取引先に大手宅配企業があり、そこからの売上が８割ほどを占めているからです。

両社の取引は長く、かつ深いものなので、早々打ち切りになることはないと金融機関も判断しているのでしょう。

そして、その取引があるからこそ借入の返済も滞ることがなく、結果として信用力高く、毎回の融資が実行されているというわけです。

もちろん企業経営に１００％ということはありませんから、状況の変化によって、取引が停止になることがまったくないとは限りません。

その意味では非常に危険な状態ではありますが、当面の資金繰りには悩む必要はないという、ある意味うらやましい状況であると言えます。

もっとも、両社の取引が始まった段階では、毎回、赤字状態が続いていたわけではないと思います。

おそらく当初は何の問題もなかったところに、何かの事情で経営が悪化。それでもきちんとした仕事をするので大手企業は取引を継続しているのだろうと推測します。

誰でも同じことができるわけではありませんから、このような状態はおすすめしません。けれども、大手企業と安定した継続的な取引があるということは、すなわち資金繰りの面でポジティブな要因になることを覚えておくといいかもしれません。

「エクストラ内部留保」がキャッシュを呼ぶ「ロードマップ」

200社のコンサルを通じて得た結論。「節税しないから成長できる」

「フェラーリを買いたい」

「一等地のインテリジェンスビルにオフィスを構えたい」

「海外のリゾート地で豪遊したい」

経営者なら誰でも一度は、「それらを経費で落とし、節税も贅沢も実現する」という夢を見たことがあるかもしれません。

ですが、繰り返しお伝えしているように、このような経費の使い方は企業に成長をもたらしません。

利益を圧縮し、納税を先送りにするクセがついてしまうと、いざというときに投資もできず、融資も受けられません。

100歩譲って、今期は業績がよかったから一つくらいの贅沢は大目に見たとしましょう。

しかし、来期、そして、またその次の期も好決算になるとは限りません。

目の前の税を逃れて贅沢をするクセがついてしまったら、後戻りはなかなかしにくいものです。

私がこれまでに、200社以上のコンサルティングをした結果、間違いなく言えることがあります。

それは、「節税しない会社の方が、成長速度は加速する」ということです。

節税しなかった結果、「エクストラ内部留保」が増え、キャッシュも人もお客も集まり、

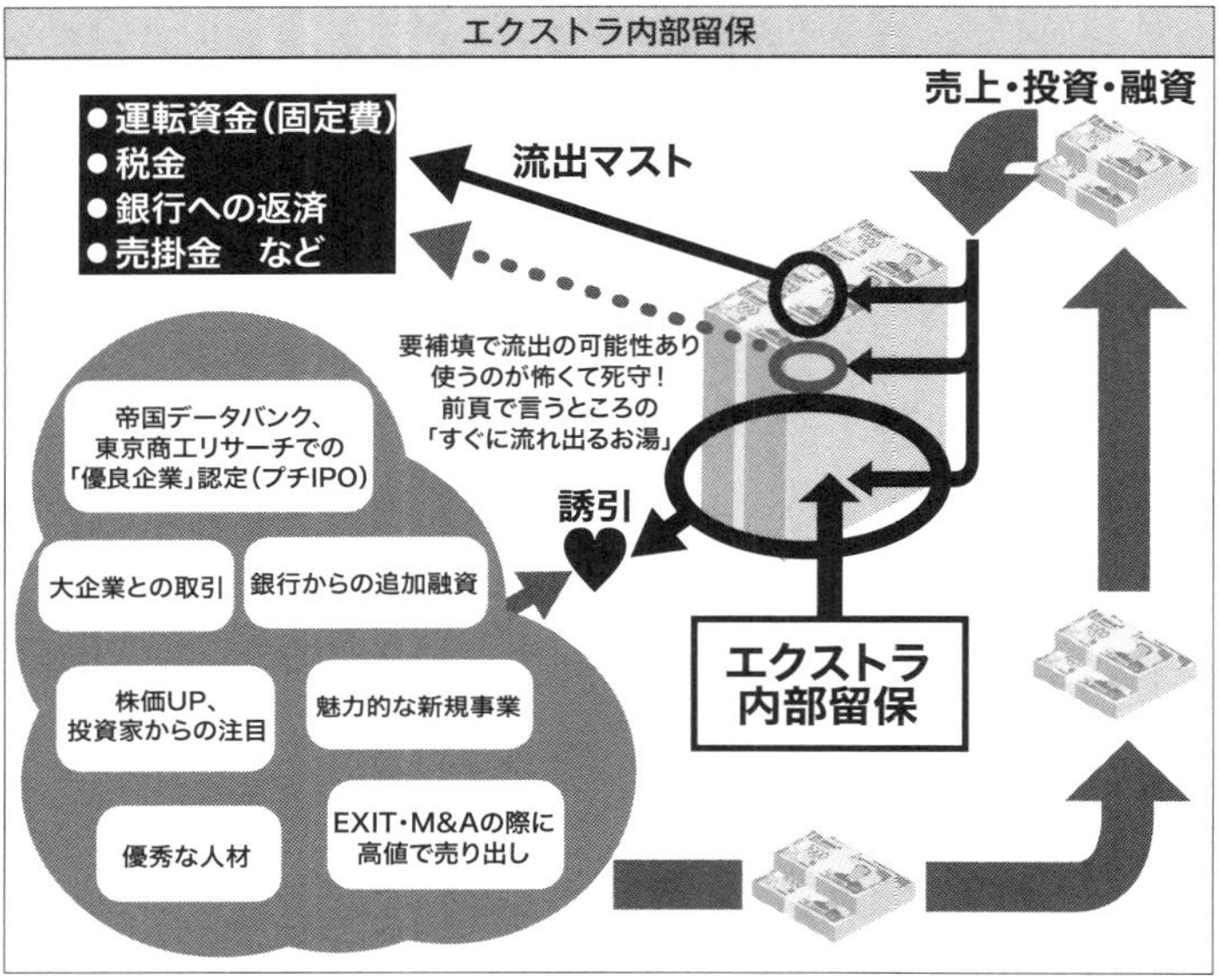

さらに成長しているのです。

特に、早く上場しているベンチャー企業には、無駄な経費を使わない傾向が強く見られます。

「エクストラ内部留保」を増やすプロセス

では「エクストラ内部留保」は、どのようにさらなる価値を生み、企業の成長を加速させていくのでしょうか。

そのプロセスは図のとおりです。

図の「エクストラ内部留保」があることで、「金脈」はどんどん太くなります。

稼いだ利益の３割が「法人税」として持っていかれてしまいますが、残り7割は「成長のために使える資金」になります。

「みんなが節税しているから」とか、「政府の税金の使い方が悪いから」といった「節税の言い訳」が浮かぶかもしれません。

しかし、それはただの贅沢病の言い訳です。そもそも、政府の税金の使い方が悪いことと、会社の経費でリゾートマンションを買うことには何の関係もありません。

いち早く「節税」の本当の姿に気づき、「内部留保」を溜め、有効活用し、会社を成長させる経営者になっていただきたいと思います。

必ず流出する「固定費」を把握せよ〈STEP１〉

固定費が払えなければ会社は倒産する

ここまでご説明したことで、「エクストラ内部留保」を増やすことの重要性はおわかりいただけたと思います。

先ほど「エクストラ内部留保」を厚くするためには利益を上げることが重要だとお伝えしましたが、実は、内部留保についてはもう一つ持つべき〝視点〟があります。

それは、**「固定費を把握し、どの程度運転資金に余裕があれば安心できるのか」**ということです。

固定費とは、会社を経営するうえで「必ずかかる経費」で、例えば、役員報酬、給料手当、社会保険料、家賃、光熱費、（携帯電話などの）通信費などのことです。

「必ずかかる」というのは「毎月もしくは毎年発生する」という意味で、固定費といっても、毎回金額が一定しているということではなく、支払う金額には若干の増減があります。

なぜ固定費を把握する必要があるのかと言うと、会社の売上とは関係なく、必ず支払わなくてはならない運転資金だからであり、これが払えなくなったら倒産まっしぐらになってしまうからです。

そうならないためにも、少なくとも**固定費の３ヶ月から半年分の現預金は用意しておく**

べきです。そして、必要最低限の余裕資金を超えたところから、攻めの内部留保である「エクストラ内部留保」を増やすことで、守りも攻めも整った企業になっていきます。

無意識のうちに消えていく固定費の罠

そのような財務状態にするためにも、毎月の固定費がいくらかかっているのかを把握し、ムダを省いていく必要があります。

業績も資金繰りも順調なときは、毎月の固定費のことはあまり気にならないので、必要なのかどうかわからない機器をリースしてしまったこともあるかもしれません。

しかし、改めて確認すると、意外な金額の多さに驚くことが少なくありません。

いわば、気付かないうちに習慣で払ってしまっている「固定費の罠」です。身の回りを見て「これは必要ないな」と思うものは、躊躇なくやめてしまいましょう。

また、現状の契約の見直しも重要です。

例えば、数年前に契約した通信環境などは、いまでは同等以上の性能ではるかに安価になっていることがあります。携帯電話代など、かつては1台で1万円近くかかっていたのが当たり前ですが、いまでは３０００円もかかりません。

固定費の見直しと合わせて、習慣的に使っている経費も確認するべきです。本業に関係のない飲食代、タクシーや新幹線、航空券の乗車代など、どう考えても成長や事業拡大につながらない「無駄」な経費がないかを見極めましょう。

経営が思うようにいかないときには、巨額な固定費は大きな逆風となります。固定費や経費は定期的に見直して、シェイプアップされた財務体質にしておきましょう。

固定費削減で「運転資金」をミニマムにする〈STEP2〉

組織改革で固定費は激減できる

固定費で大きな割合を占めているのは、なんといっても人件費と家賃です。

こつこつ定期的に固定費や経費を見直していくことは、エクストラ内部留保実現のために必要不可欠ですが、「組織改革」までを視野に入れて経費を圧縮する信念があれば、この２件の固定費を限りなくゼロに近づけることができます。

具体的には、**極力社員を雇用せず**、業務のなかでも外注で問題ないものは**外注に切り替える**。そして、**事務所は持たない**。あるいは連絡場所としてレンタルオフィスを借りる程度にとどめ、在宅ワークを徹底するということです。

もちろん、すべての業種で１００％この方法を実現することは難しいと思いますが、可能な範囲で取り入れることはできると思います。

例えば、２０２０年、広告会社の電通はミドル社員を対象に「個人事業主制度」を実施。これに応募した人は、電通を退社して個人事業主として独立し、業務委託契約で電通の仕事をするという施策を実施しました。

実際には、特に固定費削減を目的としたものではなかったようで、また、このようなある意味衝撃的なプランを実現できたのは、電通という超巨大企業だったからかもしれません。

しかし、「自社に業務が発生したら外注先に発注する」という仕組みで事業を進めていれば、人件費はごく少数の人数分になるので、固定費が売上を上回ってしまうことは考えづらいという点で、非常に参考になる例だと思います。

オフィスがなくても仕事はできる

事務所を持たないという点も、店舗を構える必要がある業種では難しいかもしれません。しかし、コロナ禍で在宅ワークが一般化したことを受け、オフィス規模を縮小した企業は少なくないという現実もあります。

背伸びしていた
店構えを直すことで
大きく削減できる！

最近は、顔を合わせてのコミュニケーションの価値が再認識され、コロナ禍前のように出社を義務付ける企業も増えてきましたが、基本的に「家でも仕事ができる」ことは共通認識となっています。

パソコンや通信機器など、仕事をするうえで必要な機材は準備しなければなりませんが、毎月家賃を払うことを考えれば、コストは文字通りミニマムで済むでしょう。

これは何も、いまの社員を解雇するべきだとか、突然、事務所を閉鎖するべきということではありません。

新たな事業を始めるときでも、人を雇い入れたり、事務所を新たに借りたりすることなく、できるだけ固定費を抑えた状態でエクストラ内部留保を増やしていくという場合に通用する考え方です。

何か自社に応用できる部分はないか、ぜひ検討してみてください。

ただし、「固定費の削減はわかるが、いきなり人件費や家賃に手を付けるのは難しい」という方もいるでしょう（むしろ、そういう方がほとんどかもしれませんね）。

そのような方のために、「見直すべき固定費リスト」を作成しましたので、ぜひ参考にしてください。固定費を見直すコツをおわかりいただけると思います。

固定費リスト	
一般的に固定費に含まれるものは以下の通りです。 支出が多いと見込まれる場合は見直してみましょう。	
福利厚生費	従業員満足度が本当に上がっているかどうか
減価償却費	リースを検討するか、資産で購入したほうがいいか (耐用年数以上利用すると見込まれる場合は、購入して減価償却をしたほうが得)
保険料	将来の不測の事態に備えて必要かどうか
水道光熱費	電気代が特に高騰しているので定期的に見直す
旅費交通費	リモートで対応できることがないか検討する
通信費	通信料に関して５年以上見直していない場合は検討する
荷造費	郵送ではなく、データで送れるものがないか検討する
消耗品費	期末近くに大量の在庫を抱えないように注意
広告宣伝費	費用対効果を検証する
交際費	使わないに越したことがない
支払利息	３年以上遅滞なく返済している場合や、追加借り入れを検討するときに利率を見直す
採用費	リファラル採用など媒体以外の採用も検討する
教育費	新人研修や幹部研修などの費用対効果を検討する （外部研修よりも OJT を充実させるなど、内製化できることがないか検討してみる）

「生き金になるか」を基準に、「効率のいい資金の活用事例」を厳選〈STEP3〉

「エクストラ内部留保」活用の原則

徹底した固定費の削減で財務の足腰を鍛え、利益も増やし、十分なエクストラ内部留保を確保できたら、いよいよ事業拡大、新規投資といったフェーズです。

この段階になれば、金融機関からの信用度も高まり、また大手企業との取引も実現しているでしょうから、打ち手は相当増えているはずです。

ただ、ここで勘違いしてほしくないのは、新規事業にせよ、投資にせよ、**本業という軸足をゆるぎないものにしたうえで取り組む**べきということです。

新規事業や投資で攻めの姿勢に転じたものの、あえなく失敗し、本業の屋台骨までぐらついてしまったのでは本末転倒です。

また、これは賛否両論あるかと思いますが、私は本業とかけ離れた新規事業や投資はあまりおすすめしません。本業で培った経験や勘が活かせる事業や投資に取り組むことで、シナジー効果があるのではないかと思います。

そのようなことを前提として、エクストラ内部留保を効率よく投資に回すときに活用していただきたいのが、「補助金」や「助成金」です。

現在、年間に発表されるこのような公的支援制度の種類は３０００を超えています。ところが、これらの補助金や助成金を申請し、利用している企業はごく一部にすぎません。

なぜかと言いますと、受給要件を満たしていない、受給条件が厳しいといった事情も確かに否めませんが、なんといっても補助金や助成金を受け取るためには、まずは自己資金を利用して補助や助成を受けるための設備投資、経費の利用が必要となるからです。

例えば、２０１７年度から始まったＩＴ導入補助金ですが、補助率はかかった経費の50％~80％と非常に高く、補助が受けられれば、会社にとってはかなりメリットのある人気のある制度です。

とはいえ、申請を行い、交付の決定が下りてから、実際に補助金が入金されるまでには4ヶ月から7ヶ月程度の期間を要します。

しかし、先に設備を購入する必要があるわけですから、その設備投資に必要な資金をそれぐらい前もって用意する必要があるのです。

つまり、内部留保を潤沢にし、資金繰りに余裕のある会社もしくは、融資がいつでも受けられるような会社にしておかないと、この３０００を超えるほどの補助金や助成金制度は利用できず、ほとんどの中小企業は申請もできていないのが実情です。

その一方で、これらの補助金や助成金を活用して生産性を向上させることに成功し、実際に売上を伸ばしている会社や、補助金でホームページ制作を行い、販路を拡大している会社もあります。

私のクライアントの例では、自社工場を持つクリーニング事業を営んでいる会社で、もっと大量のクリーニング加工のできる新しい機械を入れ、生産性を上げようとした会社があります。

当時、ものづくり補助金の申請を行ったところ、見事に採択がされたのですが、当初申請を行った補助金は補助額が高く、受給要件を満たす予算の機械を購入することが難しかったのです。

せっかくのチャンスでしたが、購入できないことには当然、補助金は下りませんので、もう少し規模の小さいものづくり補助金の申請を再度行いました。すると、こちらも見事に採択がされ、受給要件を満たす機械を購入することができ、実際にかかった設備投資の2／3の負担で済んだのです。

次に挙げる補助金・助成金は、新規事業や既存事業の拡大におすすめです。参考にしてください。（出典：経済産業省ミラサポ）

●事業再構築補助金

コロナの影響で売上が伸び悩んでいる事業やポストコロナに対応した新規事業に取り組む事業者を支援する補助金です。

●省力化投資補助金

ＩｏＴやロボットなどの付加価値向上や生産性向上に効果的な汎用製品を導入することで、付加価値や生産性の向上、さらには賃上げにつなげることを目的とした補助金です。

●ものづくり補助金

生産性向上に資する革新的サービス開発・試作品開発・生産プロセスの改善を行うための設備投資を支援する補助金です。

●ＩＴ導入補助金

ＩＴ導入補助金は、中小企業・小規模事業者等が自社の課題やニーズに合ったＩＴツールの導入を支援する補助金です。

谷あるところに
山々できる！

第4章

「エクストラ内部留保」で経営改善した中小企業オーナーたち

内部留保を2倍にして大手企業との取引を実現

中小企業だからこそ必要な内部留保

「中小企業が内部留保を増やして成長するなんて、できっこない」

「もはや成長は望めないから、現状維持しています」

中小企業経営者の方は、よくこのようなことを言われます。

しかし、それは大きな誤解です。

中小企業は大企業に比べて基盤が脆弱で、経営も外部環境に左右されがちですが、少数精鋭の規模な分、社長・幹部の気づき一つで**フレキシブルな対応も可能で、新しい成長戦略を描くことができます。**

そのときに必要なのが、潤沢な内部留保です。

そこでこの章では、内部留保を活用して危機を乗り越え、事業拡大を実現した企業の事例を紹介していきます。

まずは、内部留保を2倍にし、会社を成長させたA社のケースです。

Ａ社の事業は、韓国製おもちゃの輸入・販売。会社とはいえ、規模的には個人事業のようなレベルでしたが、Ａ社が扱っていたのは、ほかの商社やおもちゃメーカーにはない、小ロットかつ特徴のあるものばかり。

店舗を構えることなく、ネット上のみでの販売だったのですが、個性的な商品が話題になることもあり、年商は６０００万円ほどで安定していました。

ところが、あるときＡ社としても期待していた大型の案件がキャンセルになり、突然、２０００万円もの在庫を抱えることになってしまったのです。

内部留保を取り崩したり、銀行から融資を受けたりして、なんとかやりくりをしていたものの、いよいよ資金繰りが厳しくなってきたタイミングでコロナ禍が発生。

もはやこれまでかと社長は覚悟をしましたが、意外にもコロナ禍はＡ社にとって追い風となりました。

自粛生活のなか、韓国から輸入していた子供用の「トランポリン」が飛ぶように売れ始めたのです。在庫分はすべて売り切り、１億円の利益が出たことで、２０００万円もの評価損はまったく支障がなくなりました。

するとほっと一息ついたところで、社長には過去最大の「誘惑」が訪れました。

「車、買いなよ」

「自分で稼いだお金なんだから、ちょっとぐらい贅沢したっていいじゃない？」

経営者仲間から、このように言われ始めたのです。

確かに、「節税」のために経費で車を買ったり、オフィスを引っ越したりするという話は仲間から聞いたことがあったので、自分もそうしたほうがいいのかなと思いましたが、社長は思いとどまりました。

そもそも派手好きな性格でなかったうえ、今回のことで、**会社に現預金が豊富にあることの必要性を痛感したの**です。

役員報酬額も上げず、特に意味のない節税対策をしなかったので、内部留保はそれまでの倍額、９０００万円をまるまる残すことができました。

潤沢な内部留保で大型の契約が実現！

そして、同社の販売力に注目した韓国最大手のおもちゃ会社と販売契約を結ぶことになったのですが、そのときに効果を発揮したのが内部留保でした。

相手方の求めに応じて、過去5年間の決算書を提出したところ、そこで内部留保、すなわち純資産が着実に積み上がっていることが高く評価され、無事契約に至ったのです。

社長は、これを契機に会社の成長に本腰を入れ、内部留保を「成長のための投資」に使うことを決定。

ブランディングコンサルタントを入れ、会社のロゴを変えたり、ミッションステートメントを作り直したり、ウェブ戦略に注力したりしました。

このように、企業価値を上げるための施策にお金を投資できたことで、A社は今でも順風満帆な「右肩上がりの経営」を実現しています。

A社の社長は、こう話してくれました。

「一時はもうダメかと思いましたが、ここまで復活、成長できたのは、やはり1億円の利益を上げたときに、無駄な支出をしなかったことが大きかったと思います。あの現金があったおかげで大口の契約を結べたわけですから」

大手との取引やブランディングによる企業価値アップなど、「もっと大きな夢を実現する誘惑」に駆られた人だけが、成功し続けることができます。

そのためにも、潤沢な内部留保が不可欠なのです。

内部留保活用でレトルトを開発！　売れ行き好調で店舗も拡大へ

営業できない時間を新規事業開発に活かす！

多くの飲食店は、コロナ禍で長期にわたる休店を余儀なくされ、大きなダメージを受けました。廃業してしまったお店も少なくないでしょう。

しかし、十分な内部留保があれば、新しい取り組みを始め、収益を伸ばすこともできるのです。

カレーショップを運営するB社が、そのいい例です。

そのお店のカレーはスパイスを何種類も使用し、また具材もオーガニックにこだわった健康志向のもので、「食べると健康になれるカレー」が売り。リピーターも多く、広告宣伝費をほとんどかけなくても十分集客できていました。

そのお店は都心から電車で30分ほどの場所にあったのですが、遠方から来る客もいるほど繁盛していたので、「これなら都心でも十分勝負できる」と考えていた店主は、どんなに儲かっても余計な支出をすることなく、利益のほとんどを出店準備のためにコツコツと積み上げていました。

まさに順風満帆と思っていたところに降ってわいたのが、コロナ禍でした。補助金は出たものの本来の売上には届かず、それでも家賃や人件費など固定費を払っていく必要はあります。

そこで店主が考えたのが、レトルトカレーの販売でした。

もともと来店客から、「お土産にしたいんだけど、レトルトカレーはないんですか？」とよく聞かれていたのです。

「店舗営業をしていないので、自分もスタッフも時間はある。また、カレー好きの間では知名度もある。これはやってみる価値があるかもしれない」

そう考えた店主は、協力会社を見つけ、レトルトカレーの開発に取り組みました。

もちろん、そのためにはかなりの費用がかかりましたが、そこで役立ったのが十分すぎるほどにあった「エクストラ内部留保」です。

もともと都心への出店目的で積んでいたもので、相当な金額があり、レトルトカレーの開発費用は十分にまかなえました。

新規事業が〝第2の柱〟にまで成長

そして、完成したレトルトカレーをオンラインで販売したところ、全国から注文がひっきりなしに舞い込むうれしい事態に！　好調なスタートを切ることができ、売上も想定以上になりました。店舗営業を再開する頃には、レトルトカレーの種類も増え、店舗並みの利益を上げるまでに売上が伸びていたのです。

店主はレトルトカレーの販売を第2の柱として大切に育て、店舗の利益と合わせて改めて内部留保を積み上げ、念願の都心への出店を果たしました。

「最初は、元の店舗は閉めて移転するつもりだったんですが、好調なので2店舗展開することにしました。コロナのとき、十分すぎるくらいに内部留保があって本当によかったです」

いま店主は、3店舗目をオープンさせるために、さらに内部留保を増やしています。

パーソナルジムがオリジナル商品を販売、客単価が向上

強力なライバルが出現！　そのときにするべき決断は？

「エクストラ内部留保」を効果的に活用するために、ときには厳しい決断を求められる場合もあります。そして、その決断が新しいビジネスのステップになることもあるのです。

ここでは、そのような事例をご紹介しましょう。

Ｃジムは、都心で高級感のあるパーソナルジムを3店舗営業していました。経験豊富なトレーナーが在籍しており、ダイエットや筋トレの効果が上がりやすいということで口コミでの評判もよく、さらに健康志向の高まりもあって、経営は安定しており、社長は新たな出店を目指して内部留保を積んでいました。

ところが、近隣に資本力のある競合が低価格のフィットネスクラブを展開し始め、Ｃジムからの退会者が相次ぐ事態に陥ります。

Ｃジムでは事前に回数券を販売しており、退会者には返金対応を続ける一方、変わることなく継続利用してくれる顧客対応が課題になりました。

利用者が減少しているのに、現状のまま3店舗を展開していては、いずれ行き詰まるのは明らかです。その場合、未使用の回数券を持っている顧客に迷惑をかけることになってしまうでしょう。

そこで、Ｃジムの社長は固定費を削減するために、家賃の高かった2店舗を思い切って閉鎖。残る1店舗も繁華街からは少し離れた場所に移転しました。

社長が思いついた「客単価を上げる秘策」

規模は縮小したものの、サービス内容は変えることなく営業を続けていると、評判のよさから少しずつ会員数も回復し、財務状況も最悪な状態からは脱することができました。とはいうものの、売上は3店舗を展開していた当時には及ばず、まだまだ安心できる状況とは言えません。

そこで社長が考えた策が、上顧客の単価を上げ、利幅を増やすことでした。

もっとも、ほとんどの顧客は回数券利用なので、利用料での単価を上げることはできません。では何を始めたかというと、物販を始めたのです。

Cジムではトレーニングの後、プロテインドリンクをサービスしていたのですが、そのプロテインは一般販売していないものでした。

Cジムの社長はメーカーと交渉し、独占販売権を獲得。顧客向けに数種類のプロテインやサプリメントの小売を始めたのです。

これらは一般的なプロテインやサプリに比べ高価なものでしたが、顧客の評判がよく、それを聞きつけた人の中には「このプロテインが欲しいから」という入会希望者まで現れました。

もともと、高所得者の顧客が多かったこともあり、いずれの売れ行きも好調。すると、メーカー側から意外な反応がありました。

「実は、資本参加を含む本格的なコラボレーションを提案されたんですよ。こちらの方針は飲んでもらえそうなので、受け入れるつもりです。これからまた多店舗展開を目指します」（Cジムの社長）

社長によれば、独占販売権を獲得できたのは、内部留保が十分にあり、財務状態に問題はなかったことと、早い段階での店舗閉鎖という決断をした経営姿勢が評価されたのだそうです。

もっとも、店舗閉鎖できたのも、ある程度厳しい状態でもがまんできるだけのエクストラ内部留保があったからこそ。そのおかげで迷いのない経営判断ができ、事業を継続できたのだと、社長は語ってくれました。

腕のいい職人社員を増やし、信用度向上と安定経営を実現

外注をあえて社員にする理由とは

財務内容を改善するためには、固定費である人件費はできるだけ削減して、外注できる部分は外注するというのがセオリーです。

しかし、外注が多いと、業務の遂行が不安定になる点は否めません。

一方、業務遂行に必要なリソースを確保するためには、人件費の負担増が発生。悩ましいところではありますが、エクストラ内部留保があれば、その問題はクリアできます。

D工務店は、大手ハウスメーカーの下請けとして、元請け各社から大きな信頼を得ていました。

D工務店の特徴は、年間3億円という事業規模に比べ、社員数が少ないこと。

というのも、D工務店の社長は半世紀近く建築業に携わってきたため、業界内での人脈が豊富で、案件受注後に一声かければ腕のいい大工や左官などを集めることができ、その

仕事ぶりは確実だったからです。

Ｄ工務店は固定費が少ない分、利益率が高く、その利益を着実に積んでいったので、潤沢な内部留保がありました。


ところが、ここ数年の工事関係者の単価上昇にともない、Ｄ工務店の仕事に暗雲が立ち込め始めました。

必要な職人を集めることが難しくなってきたのです。

基本的に職人は個人事業主なので、条件のいい現場を優先します。そうなると、日程によってはＤ工務店の現場に入れない職人が出てきます。

それでも職人を集めるために、ほかの会社よりも条件をよくしようとしたら、職人への支払いが増え、利益率は悪化します。

このような職人不足のために、泣く泣く諦めざるを得ない案件も出てくるようになってしまったのです。


――このままではジリ貧になる。

そう考えた社長は、従来の方針を大転換。大工や左官などの職人を10人程度、自社で抱えることにしたのです。

これによって、安定して仕事を受けることができるので、元請けからの信頼も高まります。

また、社員として雇用すると、人件費や社会保険料などの固定費負担が大きくなり、利益率が低下する恐れはありますが、大型の案件を安定して受注できる体制にしておくことで、金額的にはまかなえるはずという読みもありました。

職人の側も、外注ではなく社員になることで、実入りは少なくなるかもしれないものの、保険関係も含め生活は安定します。

会社と職人の双方にとって、ＷＩＮ－ＷＩＮの関係を築けるのです。

人件費の悩みも内部留保で解決できる

ただし、問題となるのが資金繰りです。

職人を雇い入れたらすぐに人件費は発生しますが、入金があるのは工事が完了してから。その間の資金繰りに失敗すると、会社は黒字倒産してしまいます。

しかし、社長は「その点も心配はしなかった」と言います。

「ウチにはその頃、だいたい１億円くらいの内部留保があったんですよ。職人10人雇って増える分が１ヶ月７００万円だとして、入金まで10ヶ月ならせいぜい７０００〜８０００万円。これならなんとかなるなと思いました」

実際、外注先の職人に１ヶ月80万円を支払うより、一人当たりの支払いは抑えることができます。

さらに、職人の仕事を内製化したことで、社員同士が密に意思疎通を図れるようになり、仕事の質が以前にも増して向上するという効果もありました。

「同業者のなかには、お金が入ってくると、入ってきただけパーッと使う人もいます。いかにも建築業というイメージですが（笑）。その点、私は心配性なもので、特に使わずに内部留保にしておけば、何かあったときに安心だろうと思っていたのです。今回はまさにその通りになってよかったです」

Ｄ工務店では、さらに社員を増やして、事業規模を拡大していくことを考えているそうです。

歩合制の導入で売上アップと固定費削減を実現

歩合制導入で社員のモチベーションをアップ！

エクストラ内部留保は、いざというときに役立つだけではありません。

平時であっても戦略的に活用することで、利益拡大につなげることができます。

ウェブサイト制作会社のＥ社は、ていねいな仕事ぶりで業績は好調。さらなる売上向上を目指し、営業社員の増員を計画しました。

ただ、そこで問題になったのが人件費です。

すでに社内には2名の営業担当者がいましたが、人材難だったこともあり、相場よりも高額な給与で営業社員を雇用していたのです。その負担は現状では問題のない範囲だったものの、同様の水準で新たに社員を雇うのは難しい点もあり、E社の社長は、これを機会に、営業マンに限って給与を歩合制に変更しました。

具体的には、35歳平均で約700万円だった給与を、固定給450万円プラス売上に応じた歩合制にしたのです。

社長によれば「営業マンのモチベーションが下がらないように注意した」とのこと。「普通に考えたら、3割以上の給与減になってしまいますから、反発されても仕方ありません。そこで、『今までと同様の売上を上げていれば給料は下がらない』『もっと売上を伸ばせば、年収1000万円も可能になる』という2点をしっかり伝えました」

それと合わせて、IT関連に強いと評判の求人サイトや人材エージェントで営業担当者の募集をかけました。

もともとE社には安定した取引先が数社あったため、新規の取引先開拓にはあまり力を入れていなかったのですが、会社の成長のためには現状に甘んじているわけにはいかないという社長の思いもあったのです。

内部留保があるからリスクを取れる

そして３ヶ月ほどかけて、即戦力となる社員を採用。元からいた営業部員も、頑張った分が確実に給与に反映することもあり、意欲的に新規取引先の開拓に取り組みました

その結果、売上は１億５０００万円から倍増の３億円となり、業績拡大を実現。営業部員の給与は、固定給と歩合給を合わせて１人あたり約１０００万円と、総額で見れば人件費は増えましたが、倍増した売上を考えれば問題になるレベルではありません。

Ｅ社がこのような攻めに出られたのも、潤沢な内部留保があったからだと社長は話してくれました。

「社員を増やすのはリスクがあります。採用コストもかかるし、採用しても期待通りの成果が上げられるかわかりません。だから、今回の採用は、当面は持ち出し覚悟で進めたのですが、歩合制の導入と合わせていい結果につながり、安心しました。このようなチャレンジをしようと思えたのも、十分な内部留保があったからです。もし内部留保がなかっ

たら、売上拡大のためにリスクをとろうという発想にはならなかったでしょうね」

社長は引き続き内部留保を積み上げ、営業部員を増やし、会社を成長させようと意気込んでいます。

在宅勤務にシフトすることで、生産性向上を実現！

内部留保を活用、万全の体制で在宅勤務にシフト

歯科医院のマーケティングを専門に扱うF社は、創業以来、着実に業績を伸ばし、社員数も5人から10人以上に増加。オフィスも手狭になってきたので、そろそろ引っ越しをと考えていた矢先に発生したのが、コロナ禍でした。

F社では、オフィスに人が詰まりすぎていたこともあり、社員同士の接触による感染を避けるために、いち早く在宅勤務を実施。

その際に、内部留保を活用して一人ひとりに業務用のパソコンやオンラインミーティングに使うためのウェブカメラ、マイクを支給。さらに社員同士のコミュニケーションに必要なツールも一式そろえ、万全の体制を整えて在宅勤務にシフトしました。

その結果わかったのが、在宅勤務でも通常通りの業務ができること。それだけでなく、ほぼすべての業務をオンラインにしたことで、生産性も向上しました。

浮いた時間の活用で、想像以上に仕事が進む！

同社には、マーケティング施策を進める実働部隊、マーケティング戦略を練るコンサル部門、そして顧客開拓を進める営業部門があります。

もともと、ほとんどのマーケティング施策をオンラインで進めていて、社員や顧客がリアルで顔を合わせる必要性も薄かったので、実働部隊については在宅勤務でも問題はないと考えられていましたが、懸念されたのがコンサルと営業でした。

「やはり、実際に相手と会って話をしないとなかなかうまくいかないのでは？」という意見も多かったのですが、社長の「とりあえず、やれることはやってみよう」の一言で実施したところ、コンサル、営業ともに、思いのほかオンラインでの業務に向いていることがわかったのです。

一番大きい理由は、ほとんどの顧客が「患者以外との接触は極力避ける」という方針だったので、打ち合わせや会議をスムーズにオンラインに移行できたこと。打ち合わせのために顧客の医院に向かう移動時間がなくなったので、その分を作業に当てたり、あるいは別の顧客との打ち合わせや新規顧客の開拓に使ったりして生産性が格段に向上、新規受注も倍近い伸びとなったのです。

現在では、社員数も15人以上に増え、元のオフィスでは完全に定員オーバーですが、コロナ禍が収束したいまでも在宅勤務をすすめ、オフィス移転の予定はないと言います。

「さすがにオフィスを維持する必要はありますが、もっとこじんまりしてもいいかなと思うくらいです。もともとはオフィス移転のために積んでいた内部留保ですが、社員の在宅勤務環境を整備するために投資したことで、会社も想定外の成長を遂げることができました。しかも、投資といっても、オフィスの引っ越しに比べたらはるかに小さな金額ですから。これからも内部留保をしっかり蓄え、社員を増やし、会社を大きくしていきたいですね」と、社長は明かしてくれました。

第５章

節税にも利益率UPにもなる「内部留保」の使い方

「売上」より「利益率」を伸ばしなさい

売上のかさ増しには意味がない

ここまでお読みの皆さんには、内部留保の大切さは十分理解いただいていると思いますが、ここで質問です。

・売上が5000万円で、粗利は500万円の仕事
・売上は2000万円で、粗利は500万円の仕事

があったら、どちらを選びますか？

業種や会社の状況によっても異なると思いますが、経営状態に問題がなく、内部留保を重視するのであれば、**迷わず後者を選ぶ**べきです。

「そんなばかな。大きな売上が立っているほうが、見栄えがいいじゃないか」

そう思われる方もいるかもしれませんね。

しかし内部留保を厚くするために必要なのは「利益の積み重ね」であり、「売上のかさ

増し」ではありません。

いくら売上が大きくても利益が少なければ内部留保は増えないからです。

だから内部留保を増やすためには、「売上」ではなく「利益率」を重視するべきであり、先の例で言えば、利益率10％の前者ではなく、25％もの利益率となる後者の仕事を選ぶべきなのです。

そもそも、大きな売上を追いかけると身の丈以上の仕事を引き受けてしまい、結果的に自分の首を締めることにもなりかねません。

ここで、売上と利益率に関して、典型的とも言える2つの事例を紹介したいと思います。

売上にこだわると地獄を見る、その理由とは

まず、中堅製造業のA社のケースです。

同社の二代目社長は、自分が会社を引き継いでからなかなか成長のきっかけをつかめず、焦りを感じていました。

そんななか降ってわいたのが、通常の仕事とは一桁違う、今までにない売上規模の案件

です。利益率は２％程度でしたが、売上が大きいのでそれなりの金額にはなります。

「これで一気に大逆転だ」

成長のチャンスとばかりに社長は意気揚々とこの案件を役員会にはかりましたが、財務経理担当の役員から難色を示されました。「利益率が通常の半分以下しかなく、しかも仕事の規模感が大きすぎる。ウチで受けるにはリスクが大きいのではないですか？」と言うのです。

しかし、社長は「そんなことを言っていては成長できない。多少厳しいかもしれないが、リスクをとってチャレンジしよう！」と反対意見を押し切り、その仕事を受注したのです。ところが実際にやってみると、反対した役員の見通し通りでした。

仕事の規模が大きすぎるために自社内では回せず、かなりの部分を外注に頼ることになり、その費用が発生。入金はないのに外注費用だけは毎月支払わなければならず、内部留保は取り崩しの連続。

さらに外注管理のために社内の多くのリソースを割かねばならず、社内のオペレーションは混乱を極めました。

追い打ちをかけたのは、発注元から予定通りの入金がなかったことです。会社はまさに存亡の危機に立たされたのです。

もはやここまでか……　というところで、経理財務担当の役員が必死の思いで銀行と交渉して融資にこぎつけ、なんとか危機を乗り切りました。

最終的に今回の仕事の結果はといえば、外注費だけで利益を完全に食いつぶし、さらに内部留保も減少。会社を成長させるどころか、立て直しが必要な状況になってしまったのです。

「今回の件は勇み足でした。見かけの売上につられて利益のことを考えず、しかも身の丈に合わないことをすると、足元をすくわれることがよくわかりました」と社長は話していました。

「利益率重視」でビジネスチャンスが拡大

一方、建設業のB社は、基本的に利益率を重視する経営スタンスです。そのため、多少売上が小さくても、利益率がよければ受注する方針で仕事を続けていました。

そのB社に持ち込まれたのが、特殊な技術が必要になるものの、売上は他の案件に比べて小規模な仕事でした。

先方が「なかなか、受けてくれる会社がなくて……」と言う通り、確かに手間に比べて売上は小さいものでしたが、利益率は格段にいい仕事でした。

そこでB社の社長は「これなら新しい機材をリースしても利益が出せそうだ。ウチにとってもチャレンジになるし、やってみるか」ということで受けることにしたのです。入金前に月々のリース料を支払う必要はありますが、その程度の金額であれば十分まかなえます。

予想以上に仕事はスムーズに進み、案件終了後にはすぐに入金があったので資金繰りでも特に問題はなし。リース料金は発生したものの、トータルではかなりのプラスになったそうです。

B社の社長は「やったことのない仕事だし、最初は受けるかどうか迷ったのですが、やってみたら案外うまくいきましたね」と笑いながら話してくれました。

しかも、今回の仕事の評判を聞きつけた他社からの引き合いが増え、B社ではリースをやめて機材を購入。本格的に今回の分野を展開していったところ、売上・利益、ともに拡大し、B社はどんどん内部留保を厚くしています。

両社を見ると、内部留保の源泉となる利益を増やすためのコツがおわかりいただけると思います。

身の丈に合った売上のなかで、より高い利益率を目指すこと。この考えが、会社を真の成長に導くのです。

効率化のための外注費で利益率UP

メリットの大きな「外注」に潜む落とし穴

83ページで内部留保を増やすための外注の活用方法についてお伝えしました。

極端な話ではありますが、利益の最大化を第一に考えるのであれば、社員は自分だけにして、ほかのすべての業務を外注にする。

そうすれば、固定費は家賃と通信費、公共料金くらいに抑えられますから、仕事をすればほぼ確実に利益を残せます。

このように、メリットが大きく感じられる外注活用ですが、一つ間違えてはいけないのは、**会社のコア事業は外注してはいけない**ということです。

105ページで、外注のやりくりに苦労した建設会社の例を紹介しましたが、外注先は、こちらの都合に合わせて動いてくれるわけではありません。

そのため、いざというときに人手がなくて仕事が回らなくなったり、高い外注費を払って仕事を頼まざるをえなくなったりして、利益を確保できなくなることもあります。

また、経営者自身が仕事をするわけではないので、新しいノウハウを蓄積できず、結果、業界の変化にも疎くなってしまうかもしれません。そうなれば事業継続が難しい場面も出てくるでしょう。

だからこそ、外注はあくまでも本業とは関わりのない業務に限り、本業については能力のある社員を自社に囲い込む必要があります。

「優秀な社内スタッフ＋コア事業以外の完全外注」というハイブリッドな体制を確立できれば、経営は効率化し、安定的に高い利益率を確保できるでしょう。

経営効率を高める外注スタッフの囲い込み方

とはいえ、採用した人材が、実際にどれくらいの能力があるかはわかりません。しかも、その人材が期待外れだったとしても、いったん社員として雇用したら簡単に解雇することはできません。

そのような失敗をしないためにも、「これは」と思う人材がいる場合には、一度は仕事を発注してみて、その能力を見極めることをおすすめします。

そして、期待通りであれば社員として迎え、能力的に難しい場合であれば、これからもいち外注先として対応すればいいだけのことです。

自社の成長にはどのような人材が必要か、外注先との付き合いのなかでよく見極めてほしいと思います。

事業規模拡大に伴う「分社化」で増収が叶う

「1業種1法人」が有利な理由

感度のいい経営者ほど、本業の周辺部に成長の可能性がある事業を見つけ、第2、第3の柱として成長させています。実際、私が顧問をしている企業のなかにも、そのようなケースは数多くあり、皆さん、順調に業績を伸ばしています。

ただ、それらの企業を見ていて常々思うのが、「これは、事業ごとに分社化したほうがよいのではないか」ということです。

一つの企業で複数の事業を展開している場合、それぞれの事業で粗利率が異なっていることは珍しくありません。

そのような場合、売上が1本になっていると、それぞれの事業の状況を正確に把握することが難しくなります。そうなると、現在どの事業が好調なのか、また今後どの事業を伸ばしていくべきかという経営判断ができません。

もちろん、細かく数字を追っていけば分析はできますが、中小企業の場合、言い方は悪いですが、ざっくりと肌感覚で経営判断をする社長が少なくないのが現実です。

また、同一の社員が複数の事業を担当している場合には、人件費などの固定費についても、分社化して1社にまとめてしまい、他社の負担を軽くしたほうが有利です。

具体的にどのようなことか、事例で説明しましょう。

「収益の見える化」で経営課題を解決！

X社では、複数の整体院を経営しています。整体院は評判がよく業績も好調です。

さらに健康器具メーカーと開発した腰痛防止のためのゴムベルトの販売を始めたところ、一気に人気商品となりました。

そのタイミングで、X社の社長から「今後、健康器具販売事業にもっと力を入れていきたいのだが、どう思うか」という相談を受けたのですが、そこで提案したのが、整体事業と健康器具販売事業を分社化することです。

整体と健康器具販売では、役務提供と物品販売ということで、粗利率がかなり違います。

にもかかわらず、両者がひとくくりになっていては、どちらの事業が利益を上げているのか判断できません。そこでまず、両事業の収益を「見える化」して、状況を明確にするために分社化を実施。それぞれの業績を見ることにしたのです。

すると、整体院の粗利率は約15％、ゴムベルト販売の粗利率は約10％であること、どちらかが足を引っ張ることもなく、両事業とも好調であることが見えてきました。

特に、ゴムベルト販売のほうが効率よく売上につなげることができ、投資の余裕があることもわかったのです。

そこで、人件費や家賃などの固定費は整体院事業の方に寄せ、健康器具販売の会社に多くの利益を残して内部留保を積み上げ、成長を加速させることにしました。

また、決算時期も3月と9月に分けることで資金繰りにも余裕ができ、1社でふたつの事業を行っていたときよりも経営が安定したのです。

X社のように複数の事業を抱えている会社は、特に個人経営の中小企業の場合、どうしても経理・財務面がどんぶり勘定になりがちです。

そのような姿勢を改め、しっかりと利益を上げていくためにも、複数のビジネスを展開している方は分社化を検討していただきたいと思います。

「決算賞与」などのサプライズ報酬で社員は頑張る

超高給・キーエンスの社員はなぜ自ら猛烈な仕事に取り組むのか

「給料の高い会社ランキング」で常に上位にある「キーエンス」。同社の猛烈な仕事ぶりはよく話題になりますが、社員が頑張れる理由の一つが「全社業績連動型報酬」という給与制度を導入していることだと思います。

「全社業績連動型報酬」とは、全社規模で利益が出たら、一定の割合で社員に還元するという仕組みです。

この場合、一握りの社員がずば抜けた成績を残しても、社員に還元される利益は大きなものにはなりませんが、全社員が目標以上の結果を出せば、還元される金額も当然大きくなります。

そのため、キーエンスは社員全員が全力で売上をつくり、その結果として給与も極めて高水準にあるのです。

言うまでもありませんが、「全社業績連動型報酬」に限らず、「決算賞与」のように通常の給料以外の報酬があると、社員はがぜんやる気を出します。

通常の月給は、頑張り具合とは関係なく、毎月一定の金額がもらえます。いわば、あって当たり前のものです。しかも、たいていの場合は生活費や家賃など使い道がすでに決まっているので、家族や自分が欲しいものを買ったり、たまには贅沢をしてみたいと思ったりしても、なかなかできないものです。

そのため、「決算賞与」などの形で臨時報酬を出せば、社員のモチベーションはにわかにアップするのです。

私の顧問先にも、数十年ぶりの好決算を契機に、全社員に一律10万円の決算賞与を出した会社があります。

すると、「何十年かぶりに決算賞与をもらった！」「臨時収入ができた！」と感激した社員がさらに頑張りを見せ、その結果、翌期の売上も大幅に伸びたのです。

「決算賞与」を出す際の2つの注意ポイント

ちなみに、決算賞与を実施するにあたっては、いくつか注意点があります。

●内部留保はしっかり残す

決算賞与を出せるほどの利益があっても、無謀な大盤振る舞いはNGです。決算賞与後に税金の納付がありますが、当然、税金は現金で支払わなければなりません。決算賞与を出しすぎたために税金が払えないという状況にならないように、十分注意してください。

また、決算賞与を出した結果、内部留保が大幅に目減りしてしまっては本末転倒です。最低でも**運転資金の３ヶ月分、できれば６ヶ月分は内部留保として残し**、それでも余剰分があれば決算賞与に回すのが安全です。

●金額のルールを決める

決算賞与は、社員の業績に応じて配分しても、全社員一律の金額でも構いませんが、前者の場合には、明確な評価基準を決めておくべきです。

「臨時ボーナスなんだから、細かいことに不満は出ないだろう」と、大雑把な判断で金額を決めてしまうと、逆に不信感を抱かれてしまいます。社員をランク分けして、それに応じて金額を決めるような場合には、その根拠を明確にしておくべきです。

決算賞与のような臨時収入は、もらってうれしくないはずがありません。業績が好調な場合には、ぜひ検討してみてください。賞与として支出した金額以上の効果が期待できると思います。

「万が一」の保険は「経営セーフティ共済」だけでいい

経営者にとって高額な生命保険は意味がない

中小企業経営者には、自分自身の健康不安や亡くなった場合に備え、会社の費用で高い生命保険に加入している方が少なくないと思います。

しかし、そのような保険にはあまり意味はありません。

いざというときでも、企業が存続できるように経営者がしておくべきことは、事前に事業承継を進め、円滑に事業を引き継げるように内部留保を積み上げておくことです。生命保険は社長の家族のために個人で加入しておけば十分です。

企業存続のためにもっとも警戒するべきことは、社長の健康状態ではありません。取引先が倒産して売掛金が回収できなくなり、連鎖倒産に巻き込まれることです。

実際に、中小企業の倒産理由で最も多いのは「販売不振」ですが、それに続いて多く見られるのが「連鎖倒産」です。大切な取引先がなんの前触れもなく突然倒産してしまったら、経営基盤の弱い中小企業はひとたまりもないでしょう。

メリットだらけの「経営セーフティ共済」

そこで、連鎖倒産を防ぐための保険として中小企業基盤整備機構が運営しているのが、「経営セーフティ共済」です。これは、月々５０００円～20万円の掛金を払うことで、取引先の倒産によって資金繰りが悪化した際に、**無担保・無保証人で掛金の最高10倍（上限8000万円）まで借り入れることができる**というものです。

月々の掛金は、損金または必要経費に算入できるうえ、金額の変更も可能です。最初は月々20万円で始めても、途中でこの金額は難しいということになれば、下げることもできるのです。

また、解約の場合は、12ヶ月以上掛金を納めていれば掛金総額の80％以上が、40ヶ月以上払い込んでいれば、掛金が全額戻ってきます。

ただし、解約手当金は利益として計上することになるので、税金がかかります。そのため、払い戻しを受けるのは赤字の年度にすることをおすすめします。

私は経営者の方に「何かいい保険はありませんか？」と聞かれたら、まずこの「経営セーフティ共済」をおすすめします。

あとは、取引先への支払いや従業員への給与支払いが滞らないよう、内部留保を十分に積んでおけば、不測の自体は乗り切れるでしょう。

業績がいいときほど値上げをする

経産省「価格交渉の成功率は63％」

利益率を上げるには、コストを下げるか、提供するサービスや商品の価格を上げるかの2通りしかありません。

ただ、物価や人件費が上昇傾向にあるいま、コスト削減にはおのずと限界があります。そこで経営者が取り組むべきことは、取引先との価格交渉を通じて値上げを実現することです。

「簡単に言うけど、そうやすやすと価格交渉なんてできないよ……」という声が聞こえてきそうですが、2023年の経済産業省の調査では、およそ63％の中小企業が取引先との価格交渉ができたと回答しています。

物価や人件費が上昇しているにもかかわらず、価格交渉をしなかったら利益率は圧迫される一方です。困難は承知のうえで、経営体質の強化、利益率の維持・向上のために価格交渉は必須なのです。

余裕のないときの価格交渉は絶対にＮＧ

ただ、価格交渉にはタイミングがあります。

そのタイミングとは、自社の業績がよく、内部留保も潤沢にあるときです。

会社の経営状態がよく、内部留保に余裕があるのであれば、たとえ価格交渉が不調に終わっても、ひとまず現状の仕事を続けながら利益率の改善法を考えつつ、改めて交渉のタイミングをはかることができます。

その反対で、経営状態が思わしくなく、やむにやまれず価格交渉に臨むような場合には、「断られたらどうしよう」「値上げの話などしたら、逆に仕事を切られるかもしれない」と不安になり、値上げどころか足元を見られ、逆に先方の言い値で動かされることもありえます。

自信を持って価格交渉に臨むためにも、常日頃から利益率の高い仕事をして、より多くの利益を確保しておくことが大切なのです。

ただし、いくら強気で行くべきと言っても、相手が納得できる値上げの根拠は持っている必要があります。

「原材料費が値上がりした」「職人を確保するための外注費が想定以上に上がった」など、正当な理由があり、自分たちのことを「必要な取引先」と考えているのであれば、交渉に応じるはずです。

そこで先を制して「この値段でなければ、ちょっと厳しくて……」と強気な姿勢で話を進めていくのです。

誰もが利益確保に躍起になっているいま、取引先との価格交渉は、確かに決して簡単なことではありません。

それでも、業績が好調で内部留保も確保できている企業であれば、いまこそ値上げ交渉を進めるべきです。

この先、取引先も含め、経営を取り巻く環境はどのように変化するかわかりません。だからこそ業績がいいときに、体質強化のためにできることはやっておくべきなのです。

売上を上げるには
客単価×販売頻度
単価を上げることで
一気に業績UP

人脈形成への投資は惜しまない

「高級車」や「リゾートマンション」でビジネスを拡大する

「節税のために高級車やリゾートホテルの会員権を買ったりしてはいけない」と、口を酸っぱくしてお伝えしてきましたが、実は例外もあります。

十分な余裕資金があることが前提ですが、その例外とは、節税目的ではなく、「投資目的」でそれらを購入する場合です。

ここでいう投資とは、転売で儲けるということではありません。

高級車やリゾートホテルを活用して、自分よりも格上の人脈を広げるための投資という意味です。

いまさら言うまでもありませんが、ビジネスの成功は、結局のところ自分の持っている人脈次第です。

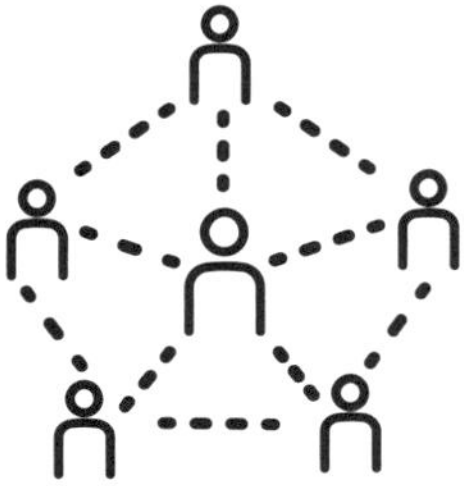

取引先を接待するときに高級車で送迎すれば、それだけで相手はいい気分になり、新たな案件や取引先を紹介してもらえるかもしれません。

また、会員制のリゾートホテルの利用者には社会的地位のある人や富裕層が多いので、そこで新しいコネクションができれば、ビジネス拡大のチャンスにもなるでしょう。

社長が欲しいからと、特に目的もなく買うのはＮＧですが、新たなビジネスチャンスをつかむという明確な目的があるのであれば、このようなお金の使いかたも選択肢の一つとして考えるべきです。


また、世の中には経営者が集まるビジネスのコミュニティがいくつもあります。それらのメンバーになるというのもいいでしょう。

費用は会によって差がありますが、１年間で数万円から数十万円程度です。会の目的や開催されている場所、集まっている人脈がご自身のビジネスとのかかわりの深いところに入ってみるのも手ではないでしょうか。

これで新たな人脈づくりのきっかけが得られるのであれば、決して高い買い物ではありません。

「遊び」を通じて人脈づくりを実現する方法

ほかには、スポーツを通じた人脈づくりのように、趣味と実益を兼ねる〝投資〟もあります。

例えば、ゴルフなどは昭和の時代からコネクションづくりの定番ですが、最近では低山登山、トライアスロン、変わったところではキックボクシングなども経営者から注目されています。

経営者が集まっているスポーツサークルがあったら、お試しでもいいので参加してみることをおすすめします。

もっとも最初から、仕事を取ろうとガツガツした態度を露骨に見せていたら退会させられかねませんが……。

私の知り合いの経営者のなかには、海好きが高じてクルーザーを所有するまでになり、それをビジネスの人脈づくりに活用している方もいます。

いったいどういうことなのか、お話を聞いてみると、

「私が持っているのは10人乗りのクルーザーですが、そこに仕事先の関係者を一度に招待して、クルージングを楽しんでもらうのです。クルーザーの係留費はかかりますが、都内の飲食店で接待するよりははるかに安く上がります。趣味に使っているお金をビジネスにも活かしているというわけです」

と言います。

さらにその方は、港に近いリゾートマンションの一室を購入し、そこもビジネスチャンスの拡大に利用しているのだそうです。

「クルージングのあと、ここで海を見ながら懇親会を開いたりするのですが、皆さん、海原を見て非常に気分がよくなっているので、人間関係が一気に深まりますね。さらにこの部屋を開放して、研修や会議などにも使ってもらっています。そこからの収益もありますが、クルージングや懇親会をきっかけに大きな仕事をいただくことがよくあるのです」

大切なことなので繰り返しますが、社長の道楽を会社のお金でまかなうのはもってのほかです。

しかし、一見、無駄使いに見えることでも、ビジネスチャンスになる可能性があるなら、余裕資金の範囲内でやってみることは理にかなっています。
いい人脈はいい仕事につながります。
潤沢な内部留保を、ぜひ有効な投資に活用していただきたいと思います。

第6章

会社を変える
「社員と会社の活かし方」

従業員への福利厚生を惜しんではいけない

福利厚生を給与並みに重視している就活生たち

ここまで、主に内部留保の蓄え方や無駄なキャッシュアウトを防ぐための方法をお伝えしてきました。会社にお金を残すことの重要性については、すでにおわかりいただいていることと思います。

一方、惜しんではいけないのは、**会社の成長のために必要な未来への投資です。**

そして「未来への投資」の代名詞といえば、「人件費」です。

人件費とは、給料手当、賞与手当、法定福利費（社会保険料や労働保険料など）、福利厚生費のことをいいます。

ここで、皆さんにお伝えしたいのが「福利厚生費」の意義です。

福利厚生費というと、「給料のおまけ」的な捉え方をしている方もいらっしゃるかもしれませんが、誤解を恐れずに言えば、それは経営者の論理です。「福利厚生」は、働く側にとっては非常に重要なファクターなのです。

そのことは、データでも明らかになっています。

就活サイト『マイナビ』の、２０２３年の調査によれば、新卒学生の約63％が、会社選びに際して「給与や勤務地と同じくらいに福利厚生に関心がある」と回答しているのです。

では、なぜ福利厚生がそこまで重視されているのかというと、就活生たちが「将来のライフスタイルに向けて、経済的な安定性やサポート体制が充実した環境を望んでいる」ことが、理由として挙げられています。

福利厚生費には、通勤手当や住宅手当、介護・育児手当などのほか、業種によっては英会話やＰＣスキルなどの自己啓発にかかる費用の負担や、昼食や夜食の補助など、幅広いメニューがあります。

大企業であれば、従業員専用の宿泊施設を完備していたり、提携施設の利用代金を割り引いてもらえたりする制度があるなど、そのラインナップはさらに充実しています。

このように、会社が給料以外の面でも社員を支えていることが伝われば、社員のモチベーションアップにもつながるのです。

低コストで福利厚生の充実は可能

大企業と違い、中小企業では給与を払うことで精一杯、福利厚生にはとても手を伸ばせないという状況もあると思います。しかし、成長軌道に乗っている会社であれば、福利厚生を充実させることにも注力するべきです。

東海地方にある、二代目社長が代表を務める会社では、先代のときから「1年の目標売上を達成したら、海外へ社員旅行に行く」ことを続けています。

海外旅行は昔より身近になったとは言え、給料で目一杯の生活をしている社員にとっては、そう気軽に行けるものではありません。

しかし、仕事で成果を残せば、会社が費用を出してくれて海外へ行けるということで、社員のモチベーションは非常に高く、毎年目標をクリアしているそうです。

「社員全員を海外旅行に連れて行くなんてハードルが高すぎる」という方も多いと思いますが、そこまでのコストをかけなくても、社員の満足度を高める福利厚生の仕組みはたくさんあります。

例えば、フィットネスクラブや宿泊施設、レクリエーションサービスを割引で利用できる福利厚生サービスがあり、低コストでありながら社員にも喜ばれるのでおすすめです。実際、このサービスを導入した企業では、フィットネスクラブの利用者が増えて従業員の健康意識が高まり、生産性も向上したという事例もあります。

中小企業の場合、経営基盤の脆弱さを考えると、業績が上向きであってもそれを給与に反映するのは難しいでしょう。また、給与は一度上げてしまったらそう簡単に下げるわけにはいきません。

しかし、福利厚生であれば、会社の業績が悪化すれば取りやめることもできます。そして、また業績が回復すれば、以前のように実施すればいいのです。

未来への投資として、社員のモチベーションアップのために、ぜひ福利厚生で社員の頑張りに応えてあげてほしいと思います。

食費まで経費にしている経営者では会社が伸びない

「何でも経費にできる」という誤解

決算が近くなると、顧問先から膨大な量の領収書が私の事務所に持ち込まれます。

私たちは事務所全員体制でその領収書の精査に当たるのですが、そのなかには「なぜこれを経費にするのだろうか?」と頭をひねってしまうものも少なくありません。

代表的なものが、**スーパーで食費を買った際の領収書**です。

取引先への手土産であれば、会議費や交際費などの名目で経費にできますが、野菜や肉類、パン、牛乳などの日常的な食費は、料理研究が仕事で、そのような食材を仕事で利用するのであればともかく、**通常は私的利用として経費にできません。**

こうしたケースで多いのは、個人事業主から法人になった経営者です。

個人事業主の場合、確定申告の際には「利益を減らすために領収書をかき集めてできる限り経費にする」方が多いのですが、その考え方が抜けないのでしょう(もっとも、個人事業主であってもスーパーの食費は経費になりませんが)。

なかには、1ヶ月に10万円、20万円という単位でスーパーでの買い物を経費にしようとして、本来の事業経費よりもスーパーで払った金額のほうが多いというケースもあります。

私は、そのような領収書を見つけると、スーパーの食費などは経費にならないことを説明して、すべてはじいてしまいます。

というのも、もしそのまま申告したものが税務調査でチェックされた場合、余計に税金を支払うことになる可能性があるからです。

経費で落とすつもりが逆に税金が増える理由

まず、そのような食費は経費にならないので、法人の利益として法人税の対象となります。もし年間で２００万円くらいの食費を経費にするつもりだったとしたら、その分がまるまる法人の利益になるわけです。

さらに、それらは会社から役員に支払われた「役員賞与」となり、経営者の収入に算入され、所得税の対象となります。

つまり、スーパーの食費200万円を経費計上して節税するつもりだったにもかかわらず、結果的に法人税と所得税の両方を課税されることになり、会社に残るキャッシュは減ってしまうことになるのです。

法人格というベースがあると、何でも経費にできると勘違いしている方もいるのですが、そのようなことはありません。

会社にお金を残そうと思うのであれば、自分の日常生活に関わるものは自分で支払ってくださいね。

「どうしても新しい社用車がほしい」ときの対処法

「クルマ好きの社長」は困った存在か？

ある顧問先の財務・経理担当の方と面談をしたときのことです。

会社の経営状態に、特に問題があるわけではないのですが、その方は、渋い顔で話し始めました。

「先生、実は社長がまたクルマを買い替えたんですよ」

「ああ、社長さん、クルマがお好きでしたからね」

「そうなんです。それを経営者仲間や取引先に自慢したいみたいで、頻繁にゴルフに出かけるようになってしまって。『これはムダ遣いじゃないんだ。新しい契約を取ってくるから安心しろ』とか言ってますが……。クルマのことといい、ゴルフのことといい、どうしたものでしょう？」

これ実は、よく聞く話です。

クルマを新しくすると、似たようなことをする方はたくさんいます。一見、「なんというムダ遣いだろう」とも思えますが、私は、必ずしも反対はしません。

クルマとは、経営者にとってある種のステータスであり、信頼の証でもあります。経営者がそれなりの高級車に乗っていれば「あの会社は儲かっているんだな」という印象を与え、新規の仕事のきっかけになるかもしれません。

ただし、節税のために、必要がないのにクルマを買ったり、あるいは本当に社長の趣味だけで高級車を買ったりする行為は、会社の財務体質を脆弱化させるだけなので、するべきではないというのが私の考えです。

要は、社長がクルマを買う目的とタイミング、そして購入方法に問題がなく、財務状況に悪影響を与えるものでなければ、過度に心配することはないと私は思います。

会社に損をさせずにクルマを買う方法

そこで私は、「社長がクルマを買っても問題ない状況」として、次のようなお話をしました。

まず、会社名義のクルマが複数台ないこと。何台もクルマがあると、社用車ではなく社長の自家用車とみなされ、会社から社長への役員貸付と判断されます。

次に、会社の財務状況に問題がないこと。内部留保にも資金繰りにも余裕がないなかで社用の高級車を購入するというのは論外です。

「そんな人がいるのか？」と思われるかもしれませんが、クルマ好きで見栄っ張りな経営者のなかには、ライバル会社の社長が新車にしたと聞くと、負けていられないとばかりに衝動買いをしてしまう人がいるのです。

そして、購入方法として、現金で一括払いにせず、ローンで支払うこと。ローンであれば、少なくとも現状の内部留保を毀損することはありません。

ただし、ローンの支払いが資金繰りの負担になる状況になったら、躊躇なくクルマを手放すことが肝要です。

このようなことをお伝えすると、先方は、「それならクルマに関しては今のところは問題なさそうですね。あとはゴルフで、バンバン契約を取ってきてもらうだけです」と、少し安心した表情でした。


経営者には、クルマ好きな方が多くいらっしゃいます。また、経営者仲間の会合など、それ相応のクルマで行くべき場所があるのも事実です。

だからといって、闇雲に購入するのは会社にダメージを与えるだけです。会社の利益につながるかどうかを第一に、購入を検討してほしいと思います。

高級車が急場しのぎの
現金代わりという役目は
とっくに終わり

「役員報酬下げすぎ病」がもたらす大きなダメージ

役員報酬が低いと「使途不明金」が増える

会社設立当初、役員報酬を極端に低くしてしまう方が少なくありません。

役員報酬が高いと社会保険料や税金が高くなると考えるのか、役員報酬を月額10万円から20万円、さらに極端なケースで5万円にまでしてしまう方もいます。

特に、社会保険料は毎月支払わなくてはいけないので、心理的に負担に感じる方が多いようです。

しかし、**役員報酬を低くしすぎることにメリットはありません。むしろ後々、大きな問題になるかもしれない**と考えるべきです。

そもそも、役員報酬が低すぎては生活が成り立ちません。

２０１９年のデータですが、東京都の30代夫婦の生活費は、平均で１ヶ月約37万円です。

もし自分の会社が東京都にあって、役員報酬が５万円、10万円では生活できないのは明らかです。

開業当初はお金もないので、そのような金額にしたくなる気持ちもわからないではありません。問題は、会社の業績が上向いてきて、キャッシュにある程度の余裕ができたときです。

仮に経営者が30代で、報酬を月額10万円としていたら、約30万円近くが不足します。

このようなときにやりがちなのが、「役員貸付」という形で会社のキャッシュを流用してしまうことです。

「自分の会社のお金を自分で使うことが問題なのか？」と思われるかもしれませんが、これには大きく２つの問題があります。


まず一つ目が、役員貸付は使途不明金になりやすいということです。

例えば、10万円を会社から借り入れてスーパーで食品や日用品を買ったとします。

さすがに一度では10万円を使い切れないので、何度か買い物をすることになりますが、その間にレシートを紛失してしまうこともあるでしょう。

もしなくしてしまったレシートの合計金額が５万円だったとしたら、その５万円分は何に使ったのか証明できないということで、「使途不明金」になります。

5万円程度であれば問題ないと思われるかもしれませんが、このようなことが積み重なると、想定以上の金額となってしまいます。

そして、使途不明金は「何に使ったのかわからないお金」なので、当然経費算入はできず、重加算税の対象になります。また、貸付金を返済せずに放置していると、「役員報酬」として扱われ、ペナルティとして追加で税金を払う必要も生じます。

融資不可になるほど銀行の印象は最悪に

このような税金面でのペナルティに加え、もう一つ問題となるのが、金融機関の信頼が低下し、融資が受けにくくなることです。

役員貸付が多いことは、銀行に「会社の経理について公私混同が激しい」という印象を与えます。

当たり前の話ですが、銀行が融資をするのは、融資によって会社の事業が成長し、利子という形で銀行の収益になるからです。

ところが、融資したお金が役員貸付として経営者個人のために使われてしまったのでは、利子という収益を上げるどころか、融資の元本を回収できない恐れすらあります。銀行にとっては融資先として不適格な企業と判断され、資金繰りが厳しいときに融資を受けようとしても、それは期待できないでしょう。

さらに、役員報酬が低ければ、当然、経営者個人の信用も低くなります。住宅ローンはまず組めませんし、クレジットカードをつくることもできないでしょう。

このように、役員報酬を低くしすぎると、社会保険料や税金は抑えることができたとしても、それ以上にデメリットが大きすぎるのです。

役員報酬は適切な金額にしておくことで、税務署や金融機関からの信頼を損なうことなく、結果的に得をするのです。

ナンバー2は「イエスマン」でも「出来杉くん」でもダメ

ワンマン会社では成長が遅くなる

「名将の影には名参謀あり」と言われるように、優秀なトップには有能なナンバー2がついているものです。

古い例ではありますが、本田宗一郎を支えた藤沢武夫、トヨタの〝最後の大番頭〟と呼ばれ、豊田喜一郎を助けた石田退三など、もはや「ナンバー2」と呼ぶのが失礼なくらい、すばらしい経営者がいました。

話がいきなり大きくなってしまいましたが、ホンダやトヨタのような世界的企業でなくても、経営者にはナンバー2が必要です。

実際、私の顧問先の企業でも、成長スピードに乗っているのは、異論を許さないカリスマ社長がすべてを決めているワンマン会社ではありません。

むしろ、おかしいものはおかしいと、しっかり社長に意見が言えるナンバー2がいる会社のほうが、成長が早いように感じます。

開業当初であれば、猪突猛進でワンマン的に会社を引っ張る社長のほうが、経営は早く軌道に乗るでしょう。

しかしある程度経営が安定してくる頃には、会社の業態が拡大し、ステークホルダーも増え、さらに時間の経過によって経営環境も変化しているはずです。

自身の成功体験に基づく社長の思考は、そのような変化に対応できていない場合が少なくありません。「いままでこのやり方で成功してきたから、今度もこれで間違いない」と社長が思っても、傍から見たらまったくの勘違いということが往々にしてあるのです。

そのように、社長の判断がおかしいと思ったときに「それは違う」と言えるのが、理想的なナンバー2です。

「イエスマン」と「出木杉くん」がもたらすデメリット

しかし、理想的なナンバー2ばかりではありません。ワンマン社長の会社によくいるタイプのナンバー2が、自分の保身に熱心ないわゆる「イエスマン」です。

社長から見れば、自分の言うことをなんでも肯定してくれ、意のままに動いてくれるナンバー2は便利な存在ではありますが、イエスマンが力を持っている会社は閉塞感があり、社員のモチベーションも低い印象があります。

かといって、社長の考えについてダメ出しばかりする「出来杉くん」的なナンバー2も、また問題です。

このタイプのナンバー2は、合理的・論理的ではあるものの、現状維持が至上命題になりがちです。そのため、社長のチャレンジ意欲はそがれ、経営方針は二転三転。社員は振り回されるだけ振り回され、もはや会社がどのような方向に進もうとしているのかわからず、モチベーションは下がる一方ということになりかねません。

理想的なナンバー2とは、イエスマンではないものの、社長のやりたいことをしっかり理解していて、行き過ぎや誤りがあれば臆することなく社長に進言し、社員からの信頼も厚い人物です。

ナンバー2には、自分自身の考えを述べるだけでなく、社員の考えをまとめ、社長に伝える役目もあります。その役目を果たすためには、社員が「この人には自分の意見を言っても大丈夫」という信頼感が不可欠なのです。

このようなナンバー2の存在は、内部留保の蓄積という観点からも非常に重要です。

イエスマンの場合は、社長の無駄遣いや、身の丈を超えた出費を伴う暴走気味の経営にも異論をはさむことがありません。そのため、内部留保はよくて現状維持、普通に考えれば減少の一途をたどるのみです。

一方、出来杉くんの場合には、経営が混乱して業績も低空飛行になりがちなので、利益が上がらず、結果、内部留保の積み上げは難しい状況になります。

会社のナンバー2は、会社の経営体制だけでなく、中長期的には内部留保にも影響を与える存在です。イエスマンでも出来杉くんでもないナンバー2は、皆さんの隣にいるでしょうか？

トップの顔色をうかがう
ことなく
言いたいことの言い合
える人間関係が大切

収益を生むオフィスVS下げるオフィス

「オフィス回帰時代」への対応法

リモートワークが一般化している現在、オフィスに関する支出は極力削減することが重要であることは、先にもお伝えしました。

とはいうものの、美容院や飲食店など、お客様と対面できる店舗がなければ仕事にならない業種もあります。最近では、そのような店舗営業でなくても、リモートワークを取りやめ、社員に出社を義務づける会社も増えてきました。

確かに、リアルに同僚と顔を合わせていたほうが仕事を進めやすい場面は多々あると思います。例えば、質問したいことや確認事項があるときには、チャットツールを利用するよりも直接近くの席にいる誰かに聞いたほうが、話が早いでしょう。

このような「オフィス回帰」が進みつつある昨今、改めてオフィスを構えようと考えている方もいらっしゃると思います。

そこで、収益向上を実現し、内部留保の蓄積にも寄与するオフィスとはどのようなものかご紹介しましょう。

家賃や場所選び…〝3つの大原則〟

●人気のある場所、不便な場所は避ける

「銀座」「表参道」などの住所にオフィスがあると見栄えはよくなりますが、自社の業務にとって必然性がないのであれば、このような人気のある場所は避けてください。

なぜなら、家賃ががが高すぎるからです。

昔だと、広告会社は銀座、出版社は神保町にあるのがステータスだったそうですが、現在は「この場所にある会社だから信頼できる」ということはありません。地名にこだわって見栄を張るのは、不要な支出を増やすだけです。

だからといって安ければいいというものでもありません。

社員が働くためのオフィスということを考えれば、都心から遠く離れた土地や、都心でも駅からあまりにも遠い場所では、通勤に不便すぎて社員は不満を感じるだけです。自社

の財務状況に見合った家賃で、交通も不便ではない場所が理想です。

ちなみに、どうしても地名にこだわりたい、会社の所在地で箔をつけたいという場合には、登記可能なバーチャルオフィスを借りるという方法があります。これであれば、仕事場としてのオフィスは知名度の低い場所にあったとしても、ホームページや名刺の住所は銀座、表参道などにできます。

ただし、本当のオフィスのほかにバーチャルオフィス分の支出も増えるので、その点はよく考える必要があります。

●家賃の上限は「粗利の10％」

「社員が快適に働ける」という条件を満たした職場環境であれば、家賃は安いに越したことはありません。では逆に、どのくらいが許容範囲かといえば、中小企業の場合、上限の目安は「粗利の10％」と考えておけば安全だと思います。

それをわかったうえで、「可能な限り固定費は抑える」ことが原則なのです。

と思います。

●業績が悪化したときはまずオフィスの見直し

オフィスを借りるのは、おそらく開業当初か、経営状態が順調になっているときが多いと思います。

そのときには、先に紹介した「上限10％の家賃」で検討すればよいのですが、もし資金繰りが厳しくなったような場合には、内部留保を毀損しないよう、まずは人件費より何よりオフィスの支出削減を検討してください。社員を辞めさせることは難しいですが、オフィス関連の支出を下げることは簡単にできます。

繰り返しになりますが、オフィスに関する支出は、毎月必ず待った無しで発生する固定費です。

たとえ、想定通りの売上が立たない場合やイレギュラーの支出が嵩んでしまっても、これらは優先して支払う必要があります。

ということは、この支払額をいかに抑えるかが、どのくらい内部留保を蓄積できるか、ということにつながってきます。

オフィス選びの際には、「大きな固定費」であることを念頭においてください。

デキる従業員は「囲わず独立させる」のが正解

優秀な社員が退職しそうでも慌てる必要はない

顧問先の経営者から、このような相談を受けました。

「知人の会社で、優秀な営業マン3人が、得意先を持ったまま一斉に辞めてしまったそうなんですよ。残っているのは、そこそこの成績の営業マンと事務方の社員なので、いま、社長が必死になって営業に回っているんです。何がいけなかったのかはわからないけれど、もしもウチもそんなことになったら、たまったものではありません。優秀な社員を辞めさせない方法は何かありますか？」

それに対して、私が「一番いいのは、待遇改善で給料を上げることですが、それは難しいですか？」と聞くと、「うーん、これ以上会社の負担を増やすのは、ちょっと厳しいですね……」と難しい顔です。

そこで私は、こう答えました。

「それなら、優秀な営業マンには独立してもらいましょう。それによって、御社と営業マンがＷｉｎ－Ｗｉｎの関係になれます」

その経営者は目を丸くしていましたが、皆さんも「いったい何を言っているんだ？」と思われるかもしれません。

しかし、実は優秀な社員ほど、会社から独立させることが、企業にとって最も効果的なのです。

「令和版のれんわけ」という選択

まず知っていただきたいのは、「優秀な社員は、会社にとって時にリスク要因になる」ということです。

冒頭で、一斉退社してしまった営業マンの話をしましたが、優秀な社員には、本人が納得できるだけの待遇が必要です。

ここが悩みどころなのです。

会社としては、簡単に人件費を増やすわけにはいかない、けれど成績に見合う（と本人が考える）水準の給料を払わなければ、退職される可能性があります。

特に、営業マンが得意先を持ったまま退職してしまったような場合は被害甚大です。リカバーのためには社長が先頭に立ち、全社一丸で頑張るしかないケースも出てくるでしょう。だったら給料を上げればいいかと言えば、当然ながら、それほど簡単なことではありません。

好調な業績が続くのであれば給料アップにも対応できますが、万が一不調になったら、固定費の負担が重荷になります。

優秀な人材を雇用していることが、場面によってはリスクになりかねないということがおわかりいただけたと思います。

では、会社の業績を維持しながら、このリスクを回避するにはどうしたらよいのでしょうか。

それが、優秀な社員には会社を辞めて独立してもらうという方法です。

ただし、辞めてもらうだけでは退職された場合と変わりがありません。

そのために必要なのが、退職以降の関係性を築いておくことです。

具体的には、手始めとして、必要なときに企業側から仕事を発注し、利益はあらかじめ決めた方法でシェアする仕組みをつくっておくのです。

これによって、社員からすれば給料よりも高い収入を得られる可能性があり、企業にとっては人件費が高騰するリスクを抑えられます。

また、企業側が、独立した社員をバックアップして販路や業態の拡大を進め、新たな発注先として育てていけば、企業側が受注できる案件の幅も広がり、業績の向上につながるでしょう。

いわば、令和版の「のれんわけ」のような感覚ですが、これは優秀な社員がいるからこそできることです。

優秀な社員は自社で囲い込むのではなく、外に出して大きく成長してもらい、お互いの業績拡大につなげること。

経営者が一目置くような社員がいる場合には、ぜひ検討してみてください。

ここで、実際の例をご紹介します。

東京に本社を置く、通信設備事業を営む会社の社長が、大阪での現場も頼まれるようになってきた頃のことです。

技術部門のAさんは、とても優秀な社員ではあるものの、それゆえにまわりから反発されることも多く、手を焼いていました。

そんな矢先に、Aさんから「両親の介護が必要になり、実家の大阪に戻るべきか悩んでいるが、この年齢で職を失うのもリスクがあるので、どうしたらいいか」という相談を受けたのです。

優秀な社員であるAさんがいなくなったら会社が困るな……と、不安が頭をよぎったものの、その社長は、彼のためにも「この際だから、大阪で起業してはどうか？」と提案してみることにしたそうです。Aさんは、いきなり起業を提案されたことに驚いていました。しかし、「実は、大阪の案件があるものの、人手が足りず断っていた」「大阪での受注はすべてAさんの新しい会社に紹介をする」と伝えると、少し安心したようで、思い切って起業することに合意をしてくれたのです。

その結果、社長の提案は見事に功を奏し、Aさんのこれまでの仕事ぶりを知っている人たちからも直接、発注を受けるように。その後は、自分一人では仕事が回らなくなり、従業員を採用するまでに成長しました。

Aさんから「従業員を雇うと大変ですね。やっと社長の気持ちがわかりました」と言われて、とても嬉しそうにされていたのが印象的です。

第７章

「本当にやりたいことをやれる社長」を増やしたい

経営者の幸せは「やりたいこと」をやれること

夢の実現のためにビジネスを成功させたシュリーマン

経営者のあるべき姿とは、「ソロバン勘定のできる理想家」ではないかと思います。

お金を稼ぐことが得意で、キャッシュは持っているものの、特にやりたいことがないのではせっかくのお金を活かせません。

その反対で、実現したいことはたくさんあるのにお金を稼ぐ力がないのでは、残念ながら〝夢想家〟と思われても仕方がありません。

私が考える「ソロバン勘定のできる理想家」の代表的な存在が、トロイの遺跡を発掘した考古学者、シュリーマンです。シュリーマンは、トロイの遺跡のほかにギリシャのミケーネ遺跡などの発掘も行い、古代文明の解明に尽力した考古学者ですが、実は、初めから学者だったわけではありません。

シュリーマンは、もともとは貿易や武器の販売などで巨額の富を築いたビジネスマンでしたが、彼にはどうしてもビジネスを成功させたい理由がありました。

幼い頃からトロイの遺跡発掘が夢だったのですが、そのためには膨大な資金が必要でした。その資金をつくるために、シュリーマンはビジネスに力を注いだのです。

そして、ビジネスで大成功を収め、いよいよ長年の夢だった遺跡の発掘に乗り出したというわけです。

つまり、シュリーマンを突き動かしていたのは古代遺跡発掘の夢であり、ビジネスの成功はそのための手段だったのです。

内部留保がロマンを現実のものにする

「なぜ、突然シュリーマンの話が？」と思われるでしょう。

それは、ここで改めて内部留保の大切さをお伝えしたいと思ったからです。

内部留保を厚くしておくことは、特に経営基盤が脆弱な中小企業においては、安定した経営のための絶対的な条件です。

しかし、経営者の多くにとって、いまの経営自体は本来の目的ではないのではないか？

と、私は感じています。

会社経営で収益を上げ、キャッシュを増やすことができたら、自分が本当にやりたかったことを実現したいと考えている方が多いのではないかと思うのです。

でも、会社経営を安定させながら、自分がやりたかったことをするためには、資産の裏付けが必要です。それこそが潤沢な内部留保にほかなりません。


念のため申し上げておきますが、自分がやりたいことと言っても、趣味で高級車を乗り回したり、クルーザーを買ったりすることとは違います。そのような〝趣味〟の領域は、経営者が自分の収入の範囲内でやるべきことです。

表現が難しいのですが、そうではなく、起業したときや会社を先代から継承したときの熱い思いに近いことを実現するために、内部留保を積み上げていくというのが、経営者のロマンではないかと思います。

私の知人に、ペットホテルを経営している女性がいます。

そもそも起業のきっかけは、彼女自身がペットホテルを利用していて環境に問題があったり、使い勝手が悪かったりと、いい思いをしたことがなかったので、飼い主とペットが安心できるペットホテルが欲しいと思ったことだそうです。

そこで貯金をはたき、行政から補助金をもらい、金融機関の融資を受けてペットホテルを開業。そのホテルは、価格は多少高めですが、サービスのよさが評判になり、すでに10店舗近くまで事業が拡大しました。

その彼女がいま進めているのが、保護猫と保護犬のための施設づくりです。

高額な料金を払って預けられるペットを見ているうちに、「飼い主のいない犬や猫にも、安心して生活できる環境をつくってあげたい」という思いが高まってきたのだそうです。

そして、その目標を実現するために着実に内部留保を増やしてきた彼女ですが、「だいぶお金もできたので、そろそろ具体的に動き出せそうだ」と、うれしそうに話してくれました。

やりたいこと、実現したいことがあるのなら、そのための資金は絶対に必要です。

どんなにいいアイデアや社会的に意義のあることでも、会社に「資産」という裏付けがなかったら、自分で動くことができず、また銀行も融資をしてくれません。

実現したいことがあるなら、まず内部留保を厚くすること。

シュリーマンのような世紀の大発見は難しいかもしれませんが、本来自分がやりたかったことには近づけるはずです。

２００社のコンサルをしてわかったこと

多くの社長の悲願「もっと日本を元気にしたい」

私はこれまで、２００人を超える経営者に会い、税務や経営課題解決のためのコンサルティングをしてきました。

そこで私は、企業経営を安定させるための内部留保の大切さを説明し、合わせて、「社長は、潤沢な内部留保を蓄積できたら、どのようなことに使いたいですか?」と質問するのですが、ほとんどの方が異口同音に「日本をもっと元気にしたい」とおっしゃいます。

それがどのようなことか、さらに詳しく聞くと、

「『失われた30年』と言うでしょう? その30年を取り戻して、バブルの頃みたいに日

本を元気にして、若い人が幸せに暮らせる社会にしたいんですよ。誇大妄想みたいですが（笑）」という方が、本当に多いのです。

実は、私はバブル時代を体験していないので、「バブルの頃みたいに」と言われても実感がわかないのですが、社長さんたちの「若い世代が安心できるように」という熱い思いはよくわかります。

そして、「社員の給料を上げたい」「もっと社員を増やして活気のある職場にしたい」というお話を聞くたび、もう一度、はっきりと伝えます。

「ならば、内部留保を増やしましょう」

内部留保を厚くするためには、毎年着実に利益を積み上げていく必要があります。

また、会社の現金を減らす〝節税〟などはせず、税金はきちんと納めなくてはいけません。しっかりと利益を出して、確実に税金を払う習慣を、会社としても社長個人としても身につけることが大切です。

そうすることで、社員の給料を上げたり、社員を増やしたりする余裕が生まれるのです。

帝国データバンクの〝ある項目〟を見れば、会社の信用度がわかる

しかし、すべての社長さんが、このことを理解してくれるわけではありません。

なかには「なぜ税金を払う必要があるの？　できるだけ税金を払わずにお金を残すことで、会社は元気になるんじゃないんですか？」と真顔で聞き返してくる方もいらっしゃいます。

そのような場合には、真っ当な節税ではなく、内部留保を毀損する〝節税〟がゆくゆくは会社に損害を与えかねないことを説明します。

さらに、帝国データバンクのような信用調査会社の企業データに、内部留保（純資産）という名目の記載がないと信用度が落ちることも、合わせてお話しします。

これを逆にいえば、帝国データバンクの企業データで「純資産」を確認できるような会社であれば、信用度が高く、大企業との取引も始められる可能性があるということです。

それが実現できれば経営は安定し、給料のアップも社員の増員も現実味を増してきます。

一人でも多くの経営者の皆さんに、内部留保の大切さを理解してほしい。そして、「日本を元気にしたい」という熱い思いを現実のものにしてほしい。

私が２００人の社長さんのコンサルをしてきて、痛感していることです。

2代目社長も確信を持って経営ができる

内部留保のおかげで新規事業を軌道に乗せることができた

私の顧問先には、「そろそろ代替わりをしたいんだけど……」と相談に来られる社長さんが少なくありません。

中小企業には、跡継ぎが見つからないために廃業してしまうケースが一定数あることを考えると、代替わりが具体的に進められる企業は非常に恵まれていると思います。

とはいうものの、跡を継ぐ立場の社長にとっては、事業継承はそう簡単なことではありません。

中小企業の場合、先代ないし先々代がつくった会社を2代目、3代目が継ぐケースが多いと思いますが、当然、従業員からは「お手並み拝見」のような視線で見られます。

また、もし継承時に既存事業が問題なく成長ペースに乗っていればまだしも、先行きが不透明な状況だったとしたら、早々に何かしらの手立てを打つ必要があります。

「なんでこんなタイミングで会社を継がなくちゃいけないんだ」と、文句の一つも言いたくなるかもしれませんが、そのときに大きな力となるのが潤沢な内部留保です。


ある運送会社の2代目社長のケースをお話ししましょう。

その社長はもともとIT系に強く、位置情報を活用した店舗検索や予約システムなどのWebサービスを提供する会社で働いていました。

ところが、創業者である父親が引退を決めたため呼び戻され、実家の運送会社に入社。2年ほど修行した後、社長を引き継ぐことになったのです。

折しも運送業界は、ドライバー不足や、ドライバーの労働時間が厳しく制限される「2024年問題」で激震を迎えようとしていた時期。

このまま放置していては現場から不満が噴出し、また業績の悪化も避けられないという状況でした。

そこで2代目社長が考えたのが、配送業務の効率化です。

運送業界では、効率的なトラックの配車と、最短時間で配送が完了するルート設定が生産性向上のポイントです。

社長は自分が得意だったＩＴの知見を活かし、配車アプリを開発。これによって２０２４年問題の影響を最小限に抑え、さらにそのアプリを同業他社に有償で展開することで、新たな事業の可能性を広げたのです。

このアプリ開発の際に活用したのが、厚い内部留保でした。

「今回の開発は、それなりの規模感があるものだったので、相応のコストが必要になることが予想されました。でも、普通の運送会社が『アプリ開発をするから融資してくれ』と言っても、銀行はなかなか首を縦に振ってくれないでしょう。その点、先代が内部留保をかなりためていてくれたので助かりました」

今後は中小運送業がＤＸによっていかに事業を拡大していくかをテーマに、経営に取り組んでいきたいと、２代目社長は明るい表情で話してくれました。

内部留保は投資でも活用できる

ちなみに、この事例では2代目社長に「IT」という強みがあったので、内部留保を活用した新規事業の立ち上げを進めることができましたが、そのような強みがなくても、潤沢な内部留保があれば不動産投資で収益を上げ、それを本業に次ぐいわば2番目の財布とし、会社を安定経営することもできます。

具体的には、内部留保があれば、それを担保に借り入れができ、さらにその5倍までの不動産投資が可能になります。

例えば、3億円の内部留保があれば、それを担保に2億円の融資を受けて25億円のビルを買うことができ、そのビルを運用することで安定的に利益を確保できるという構図です。

ゆくゆくは事業承継をと考えている経営者の方は、自分の引退後にどのような事業環境の変化があったとしても会社と従業員の生活を守れるよう、内部留保を潤沢に確保しておくべきでしょう。

「パーパス経営」は「健全経営体質」ありきで実現できる

「何のためにこの会社はあるのか」という問いかけ

最近注目されている「パーパス経営」をご存じでしょうか？

１９８０年から90年代半ばぐらいまでに生まれた、いわゆる〝ミレニアル世代〟に共感されやすい、「会社が存在する社会的意義の実現」を軸とした経営スタイルです。

簡単に言えば、「何のためにこの会社は存在するのか」ということを念頭に置いて、経営にあたるということです

昭和世代の方の中には「何をきれいごとを言っているんだ。経営とはそんな甘いものじゃない」と思われる方もいるかもしれませんが、公共性を重んじ、モノよりも精神的な充足を求めるミレニアル世代にとっては、「パーパス経営」が実現できているか否かは、就職先や取引先を選択する際の大切な条件になっています。

そのため今後、ミレニアル世代がさらに事業運営の前面に立ち始めたら、パーパス経営が実現できていない企業は厳しい立場に追い込まれるかもしれません。

「だったら、ウチも早くパーパス経営を始めないと！」と思われるかもしれませんが、パーパス経営は、すぐに実現できるものではありません。

一般消費者や取引先に対して自社についての認知を高めるためには、ＰＲ費や広報に出費が必要になります。

自社の社会的価値や、それを目指して経営に取り組んでいることを知ってもらうためには、時間もコストもかかるのです。

そこで活用したいのが内部留保です。

潤沢な内部留保があれば、目先の収益にとらわれることなくパーパス経営を実践できるからです。

ではここで、パーパス経営を実践し、大きな成果を上げている事例を紹介しましょう。

Ｂ建設会社は、その地域ではある程度名の知れた会社に成長していました。さらに会社の発展を勢いづけ、いずれは売上規模も１００億円を超えるような総合建築会社を目指すべく、「あらゆる建物に関する事業を通じて、安心安全な未来をつくる」というパーパスを掲げました。

その過程においては、自社で働く従業員の給与水準の引き上げを可能にし、大手企業並みの福利厚生も用意していることを知った従業員たちは、目を輝かせながら社長の話を聞き、自分たちが何か大きな挑戦をすることに鼓舞していました。

核となる主軸の事業は、商業ビルの原状回復、ビルメンテナンス、空調設備、リフォームなどが中心でしたが、これらの事業だけでは売上規模も地域での存在感もいま以上にずば抜けることは難しいと考えた社長は、新規事業を模索しました。

そのなかで、地域とつながって本当に安心できる住まいを提供したいと考え、思い切って不動産事業にも参画を始めたのです。

新規事業ということもあり、新たな人手の採用、事業所の設置や広告宣伝をはじめ、不動産事業の免許を得るために相当な初期費用がかかったものの、潤沢な内部留保があったのですぐに始めることができたと言います。

さらに、Ｂ社は地域でそれなりに知名度のある会社に成長していたこともあり、募集以前に、求職者のほうから「この会社で働かせてもらいたい」と応募があったそうです。

いまはまだ売上１００億円には到達していませんが、このままのペースで成長し続ければきっと達成できるに違いないと、社員一同、確信しています。

いまは問題があっても、会社は10年かけて健全化させればいい

誠実な仕事で内部留保を積み上げる

ここまで、「企業が利益を積み上げて内部留保を厚くすること」の大切さについてお伝えしてきました。

潤沢な内部留保は、経営の安定と自由度を高めるものです。

その意味で、内部留保は企業の成長に不可欠と言えます。

とはいえ、現実的にはすべての会社が十分な内部留保を確保できるわけではありません。

起業して間もない会社や、経営再建の途上にある会社などは、経営を回すのに精一杯で、内部留保を残すほどの余裕がない場合も当然あると思います。

そのような場合、「ウチの会社は大丈夫なんだろうか？」と考えてしまうかもしれませんが、心配することはありません。

たとえ現在の内部留保が十分なものでなくても、10年ぐらいかけて体質を強化すればいいのです。

私の顧問先に、開業して10年ほどになる内装業者さんがいます。短い工期でも仕上がりがよく、丁寧な仕事ぶりで評判のよかった職人さんが、「自分でやればもっと稼げるのではないか」と考え、開業資金を１０００万円ほど借り入れ、同僚と二人で独立したのです。

しかし、予想に反して経営は苦難の連続でした。最初の２年ほどはほとんど仕事がなく、融資の１０００万円を取り崩しながら、なんとか会社を回していました。

３年目に入った頃、ついに頼みの綱の１０００万円が底をつき、一緒に独立した元同僚が「これではやっていけない」と退社。これで万事休すかと、社長は肩を落としました。

ところが、そのタイミングで知人を通してビル１フロアのリノベーションを受注。久しぶりの大きな仕事ということで、全力で取り組んだところ、発注元からその仕事ぶりが高く評価され、次第に大きな案件が舞い込んでくるようになったのです。

ここで浮かれて無駄遣いをしなかったのが、その社長の賢明なところでした。いずれ必要になるはずと考え、収益の多くを内部留保に積み上げていく、非常に堅実かつ健全な経営を続けることで、会社は順調に成長していきます。

創業5年を超える頃になると、オフィルビル1棟の内装などさらに大規模な案件を受注するようになりました。

これは、本格的に大きな下請け会社に発注しなければ完了できない規模の仕事だったのですが、それを可能にしたのが、コツコツ増やしてきた内部留保でした。

本当に自社の価値を高めるものとは

大規模な案件の場合、入金は仕事の完了後ということも少なくありません。

しかし、下請け会社は入金を待ってはくれません。下請けから毎月請求書が送られてくれば、その金額を支払う必要があります。もしそこで支払いが滞ったりしたら、仕事を受けてもらえなくなる恐れがあります。

そこで内部留保を使って、入金までの間、下請けへの支払いを続けたのです。

「すでに銀行からの借り入れは難しい状態だったので、あのときに内部留保がなかったら、案件を回せず倒産していたかもしれませんね……」と、社長は話してくれました。

そして、こう続けました。

「最初の頃は、先生にいくら『内部留保が大切だ』と言われてもピンとこなかったんですが、ようやくその意味がわかりました。内部留保があるからこそ、思い切った仕事ができるんですね」

その会社は順調に成長を続け、対応地域の拡大も視野に入れているそうです。

会社を成長させるのは、不必要な買い物や投資をしてキャッシュを減らしてしまう不健全な〝節税〟ではありません。

いま、自社の状態に問題があると感じるのであれば、少し時間をかけてでも、しっかりと内部留保を積み上げて改善すればいいのです。

自社の価値を高めるのは内部留保であることを、常に忘れずにいてほしいと思います。

創業時、納税することを目標にしていた社長が、当たり前に納税できるようになった時本当になりたい会社になっています

あとがき

数年前のことですが、ある著名な評論家が、「日本には非効率な中小企業が多すぎる」「生産性を上げるためにも中小企業の合併を促して規模を拡大し、中小企業の数は減らすべき」と主張したことが話題になりました。

この意見には、さすがに賛否両論が噴出しました。

よくも悪くも衝撃を持って迎えられたということなのでしょうが、私自身はこの主張に接したとき、非常に残念に感じました。

生産性という点から見れば、多くの中小企業が課題を抱えているのは事実です。

生産性以外においても、大企業に比べて中小企業では、社長のワンマン的な経営体質やガバナンスの欠如などの問題が少なくないというのも、また事実です。

そう考えると、「中小企業は減らしたほうがいい」という、冒頭のような意見が出てくるのも理解できないことはありません。

ただそれでも、やはりその意見は暴論だと私は思います。

政府機関の中小企業基盤整理機構によれば、日本の企業の99・7%、約336万社は中小企業です。そして、中小企業で働く人は全労働者の70%、約3300万人もいます。

中小企業の数を減らすことは、経済学的な見地では間違っていないことなのかもしれません。

しかし、これだけの数の会社と人を「効率が悪いから」と言って切り捨てるのは、果たして正しいことなのでしょうか?

私のもとに相談に来られる社長さん一人ひとりの顔を思い浮かべると、どうしても納得できないのです。

本文のなかで、中小企業の社長が異口同音に言うことは、「日本をもっと元気にしたい」であると、お伝えしました。

そうであれば、その数を減らすのではなく、元気な中小企業をもっともっと増やしていくことのほうが、生産性云々を論じるよりもはるかに日本の将来にとって、若者の未来にとって大切なことだと、私は思います。

そして、中小企業の経営者の皆さんも、一時的な「節税」という言葉に惑わされることなく、コツコツと内部留保を積み上げて自社を成長させ、従業員が安定した生活を送れるようにすることが必要なのです。

巨大な資本力とマンパワーを持つ大企業に比べ、一社一社の中小企業はとても小さな存在かもしれません。

それでも、私たちの未来はそんな中小企業の経営者である皆さんにかかっています。

皆さんの夢が叶い、そして日本がもっと元気になる――。

本書がその一助になることを願っています。

山田麻美

読者限定
無料特典のご案内

著者・山田麻美による『財務健全性のチェックシート』をお届けします。

URL　https://www.ya-taxoffice.com/p/

読み込み後、メールアドレス登録後、無料特典をお届けいたします。

山田麻美（やまだ・あさみ）
山田麻美税理士事務所代表税理士／内部留保金活用戦略家。神奈川県綾瀬市生まれ。神奈川県立商工高等学校に入学。在学中、簿記２級を満点、日商簿記１級も合格。大原簿記専門学校卒業後、東急ファイナンスアンドアカウンティングに入社。大手税理士法人アクタス税理士法人へ転職した後、２０１１年、税理士登録。
２０１４年、「山田麻美税理士事務所」を開業。法人・個人事業主問わず、のべ２００社以上の会計処理、税務申告業務を行う。「経営者の右腕」として、会計数字に基づいた「経営・財務戦略」のコンサルティングも行っている。

mail : https://www.ya-taxoffice.com

売上《うりあげ》・利益《りえき》を増《ふ》やす、たった一《ひと》つの方法《ほうほう》
～「節税《せつぜい》ＯＵＴ 内部留保《ないぶりゅうほ》ＩＮ」キャッシュの貯《た》め方《かた》・使《つか》い方《かた》～

2025年２月19日　　初版発行

著者　山田麻美
発行者　和田智明
発行所　株式会社 ぱる出版
〒160-0011　東京都新宿区若葉１-９-16
03(3353)2835－代表
03(3353)2826－FAX
印刷・製本　中央精版印刷(株)
本書籍に関するお問い合わせ、ご連絡は下記にて承ります。
https://www.pal-pub.jp/contact

ISBN978-4-8272-1477-2 C0034